Miriam Cordes, 1970 in Hamburg geboren, hat am Institut für Grafik Design und an der Fachhochschule für Gestaltung in Hamburg Werbegrafik und Kinderbuchillustration studiert. Miriam Cordes illustriert am liebsten Kinderbücher und hat schon einige Bilderbücher veröffentlicht.

© Ellermann Verlag GmbH, Hamburg 2011
Alle Rechte vorbehalten
Einband und farbige Illustrationen von Miriam Cordes
Reproduktion: igoma GmbH, Hamburg
Druck und Bindung: Offizin Andersen Nexö, Leipzig
Printed 2011
ISBN 978-3-7707-2480-2

www.ellermann.de

Die schönsten Gutenacht-Geschichten für die Kleinen

von Dimiter Inkiow,
Paul Maar, Gina Ruck-Pauquèt,
Sabine Rahn, Ursel Scheffler,
Theodor Storm u.a.

Bilder von Miriam Cordes
Herausgegeben von Eva-Maria Kulka

ellermann

Inhaltsverzeichnis

Dimiter Inkiow: Wie man sich vor Räubern schützt   6

Margret Rettich: Jan träumt   11

Corinna Gieseler: Die Maus im Igelnest   15

Theodor Storm: Der kleine Häwelmann   18

Petra Steckelmann: Kruschelknackknirsch   25

Rolf Krenzer: Papas Gutenachtgeschichte   28

Isabel Abedi: Natalies Traumreise   34

Gina Ruck-Pauquèt: Der kleine Zauberer und das Sternchen   39

Elisabeth Zöller/Brigitte Kolloch: Moritz schläft bei Oma   43

Brüder Grimm: Die Sterntaler   47

Dorothee Haentjes: Bärenträume   50

Paul Maar: Die Prinzessin kann nicht schlafen   52

Ingrid Kellner: Jan und das Kuschelkaninchen   58

Sarah Bosse: Wann sind wir endlich da?   60

Marliese Arold: Milas wunderbares Bett   62

Hannelore Dierks: Das Bett ist zu groß und riecht so komisch   71

Ursel Scheffler: Paula sieht Gespenster   74

Corinna Gieseler: Der Apfelwurm   80

Sabine Rahn: Pupsen und popeln südlich des Äquators   83

Isabel Abedi: Laluna, die Mondhexe   87

Maja von Vogel: Eine stürmische Nacht   92

Anne Hansen: Florentine und die Sache mit dem Feenstaub   96

Henriette Wich: Ritterfest auf der Kissenburg   105

Anja Fröhlich: Wo bin ich, wenn ich schlafe?   108

Rolf Krenzer: Vom kleinen Jan, der nicht einschlafen konnte   112

Quellenverzeichnis   *121*

Dimiter Inkiow

Wie man sich vor Räubern schützt

Weißt du, wie man sich vor Räubern schützt? Ich werde es dir
gleich erzählen:

Wir waren damals allein zu Hause, ich und meine Schwester
Klara. Mama und Papa waren ins Kino gegangen. Es war spätabends, und wir lagen beide im Bett und konnten nicht einschlafen,
weil es draußen blitzte und donnerte.

Ich verkroch mich unter der Bettdecke, weil ich Angst vor den
Blitzen hatte, und nach einer Weile fragte ich: »Klara, darf ich zu
dir ins Bett kommen?«

»Komm«, flüsterte sie, »aber ganz leise.«

»Warum leise?«, flüsterte ich zurück.

»Damit niemand hört, dass wir hier sind.«

»Wer soll das hören?«

»Räuber!«

»Räuber?« Ich habe so eine schreckliche Angst bekommen,
dass ich mich sofort bei Klara unter der Decke versteckte.

»Werden jetzt Räuber kommen?«, flüsterte ich.

»Ich weiß es nicht«, flüsterte sie zurück.

»Warum sagst du das dann?«

»Weil draußen so ein räuberisches Wetter ist.«

6

»Bitte, Klara, flüstere nicht so.«

»Warum? So wird uns kein Räuber hören.«

»Aber ich kriege noch mehr Angst, wenn du so flüsterst.«

»Gut«, flüsterte Klara, »dann flüstere ich nicht mehr.«

Wir lagen noch eine Weile unter der Decke versteckt, dann sagte plötzlich meine Schwester Klara zu mir: »Ich weiß, wie wir uns vor den Räubern schützen können.«

»Mit Schnuffi«, sagte ich. »Wir holen unseren Dackel, und wenn ein Räuber kommt, sagen wir: ›Schnuffi! Beiß!‹ Dann ist der Räuber weg.«

»Glaubst du, er wird den Räuber beißen?«

»Sicher, er ist unser Dackel.«

»Schnuffi wird sich unter dem Bett verstecken, darauf wette ich mit dir.«

Sie hatte recht.

Ich überlegte und sagte: »Dann verstecken wir auch noch den Kater Kasimir unter der Decke. Er wird dem Räuber die Augen auskratzen.«

»Nein«, sagte Klara, »ich weiß was viel Besseres.«

»Was denn?«

»Pass auf!«, sagte meine Schwester Klara, sprang aus dem Bett und machte das Licht an.

Aber es donnerte plötzlich und sie sprang wieder zurück ins Bett.

Dann donnerte es aber nicht mehr und Klara ging schnell in die Küche. Nach einer Weile kam sie zurück, gefolgt von Dackel Schnuffi und Kater Kasimir, mit einem Eimer voll

Wasser in der Hand. Dann nahm sie einen Hammer aus meiner Baukiste und einen Nagel.

»Was willst du damit? Willst du dem Räuber mit dem Hammer auf den Kopf schlagen?«

»Nein, ich werde den Eimer über der Tür aufhängen.«

»Warum?«

»Wenn dann ein Räuber kommt und die Tür öffnet, wird ihm der Eimer mit dem Wasser auf den Kopf fallen. So schlägt man jeden Räuber in die Flucht. Toll, was?«

»Toll!«, sagte ich und half meiner Schwester, auf einen Stuhl zu klettern und den Nagel in den Türrahmen zu schlagen. Dann haben wir beide sehr vorsichtig den Eimer über der Tür aufgehängt. Jetzt waren wir gerettet und konnten ein bisschen aufatmen, aber nur ein bisschen, weil es draußen weiter blitzte und donnerte. Wir haben uns beide in Klaras Bett verkrochen und unter dem Bett versteckte sich unser Dackel Schnuffi und neben uns nahm der Kater Kasimir Platz.

So sind wir alle eingeschlafen, obwohl draußen so ein fürchterlich räuberisches Wetter war. Und dann hörten wir plötzlich ein Geschrei in unserem Zimmer.

Die Räuber!

Es waren nicht die Räuber. Es war Papa, der nachschauen wollte, wie es uns ging. Er stand auf der Türschwelle, ganz nass, mit dem Eimer auf dem Kopf. Und Schnuffi schnüffelte an seinen nassen Hosenbeinen.

Ich und meine Schwester Klara waren so baff, dass wir gar nicht wussten, ob wir lachen oder weiterschlafen sollten. Wir schauten uns nur erschrocken an und versteckten uns noch tiefer unter der Bettdecke.

Margret Rettich

Jan träumt

Manchmal wacht Jan mitten in der Nacht auf, weil er was geträumt hat. In letzter Zeit hat Jan immer wieder einen schlimmen Traum. Er träumt nämlich, dass Mama und Papa und Julia weg sind und dass er ganz allein auf der Welt ist. Dann liegt Jan mit Herzklopfen da und kann nicht wieder einschlafen.

Julia schläft mit Jan im Kinderzimmer und Jan lauscht. Er hört, wie sie sich im Bett bewegt und dabei ein bisschen schnauft. Julia ist also noch da. Aber ob Mama und Papa noch da sind, weiß Jan

nicht. Also steht Jan dann jedes Mal leise auf und schleicht hinaus auf den Flur. Mama lässt die Tür vom Schlafzimmer immer etwas offen. Jan wartet, bis sich auch Mama mal im Bett bewegt und bis auch Papa mal ein bisschen schnauft. Dann weiß er, dass sie noch da sind, und ist beruhigt. Er geht zurück, legt sich wieder ins Bett und schläft weiter.

Mal hat Jan wieder so schlimm geträumt, diesmal sogar noch schlimmer. Im Traum war er allein in einem Boot mitten auf dem Meer und die Wellen ringsumher waren riesig hoch.

Als Jan aufwacht, ist ihm ganz schwindlig. Und als er durch den dunklen Flur zum Schlafzimmer tappt, taumelt er. Er stößt gegen die Tür und die Tür schlägt gegen den Schrank.

»Was ist?«, fragt Mama verschlafen. Sie knipst das Licht an, sieht Jan und weiß sofort, was los ist.

»Du hast wieder geträumt«, sagt sie, »komm, ich bring dich in dein Bett zurück.«

»Ich möchte lieber bei euch bleiben«, flüstert Jan.

»Na gut, bleib da«, sagt Mama und rutscht beiseite. Jan legt sich zwischen Mama und Papa und darf unter Mamas Decke kriechen. Papa hat von alledem nichts mitbekommen.

Doch im Kinderzimmer ist Julia wach geworden. Nicht etwa, weil sie wie Jan einen schlimmen Traum hatte. Julia träumt nur Lustiges. Aber sie hat manchmal mitten in der Nacht Durst. Dann kommt sie zu Mama, und Mama gibt ihr aus dem Glas zu trinken, das auf ihrem Nachttisch steht.

»Mama, ich hab Durst«, sagt Julia auch jetzt und stupst Mama an. Mama macht Licht, und da sieht Julia, dass Jan zwischen Mama und Papa liegen darf. Dass er nicht in seinem Bett war, hatte sie nicht gemerkt.

Julia trinkt einen Schluck, dann sagt sie: » Ich will auch zu euch.« Sie klettert über Mama und Jan hinweg und plumpst neben Papa ins Bett.

»Was ist los?«, brummt Papa verschlafen.

»Ich bin da«, sagt Julia und zieht Papa die Decke weg.

Jan und Julia schlafen schnell wieder ein.

Mama und Papa liegen wach.

»Kannst du auch nicht schlafen?«, flüstert Mama nach einer Weile.

»Wie soll ich schlafen, ich hab ja kalte Füße«, sagt Papa leise.

»Komm, wir ziehen um«, flüstert Mama.

Sie schleichen über den Flur ins Kinderzimmer. Mama legt sich ins Bett von Jan und Papa kriecht in Julias Bett. Die Kinderbetten sind zwar etwas kurz, aber hier schlafen Mama und Papa schnell ein.

Dafür wachen Jan und Julia wieder auf. Jan hat geträumt und Julia hat Durst. Sie angelt nach dem Glas auf Mamas Nachttisch. Weil Jan sich gerade herumdreht, bekommt er das Wasser auf den Kopf. Er knipst das Licht an, und Jan und Julia sehen, dass Mama und Papa weg sind. Sofort kriegt Jan Herzklopfen. Er springt aus dem Bett, um Mama und Papa zu suchen.

»Mama, Papa, wo seid ihr?«, ruft Julia und läuft hinter Jan her. Sie finden Mama und Papa im Kinderzimmer.

Jan klettert in sein Bett und schmiegt sich an Mama.

»Da bin ich«, sagt Julia und krabbelt neben Papa in ihr Bett.

Mama seufzt und Papa stöhnt. Sie möchten am liebsten aufstehen und zurück ins Schlafzimmer gehen. Aber dann kommen Jan und Julia bestimmt gleich hinterher. Darum bleiben sie also, wo sie sind, und versuchen, noch ein bisschen zu schlafen.

Draußen wird es allmählich hell.

Corinna Gieseler

Die Maus im Igelnest

Den ganzen Tag lang war die kleine Maus unterwegs gewesen, um Getreidekörner zu knabbern. Schließlich bemerkte sie, dass die Sonne unterging.

»Oje, schon so spät!«, sagte die kleine Maus. Sie suchte und schnupperte, fand aber den Nachhauseweg nicht mehr.

»Kannst du mir helfen?«, fragte sie eine Elster, die über ihr auf einem Kastanienbaum saß. »Ich habe mich verlaufen.«

Die Elster krächzte nur spöttisch: »Hähähä – dummes Fuchsfutter!«, und flog davon. Auch zwei Eichhörnchen hatten keine Zeit, Fragen zu beantworten.

»Dann eben nicht!«, sagte die kleine Maus. »Ich laufe einfach auf diesem Trampelpfad weiter.«

Mit klopfendem Herzen rannte sie durchs feuchte Gras. Genau vor einem Holzstapel hörte der Pfad plötzlich auf. Jetzt bekam die kleine Maus richtig Angst. Im Dunkeln lauerten doch der Marder und die Eule!

»Ich verstecke mich lieber bis morgen früh«, beschloss sie und schlüpfte in eine Lücke zwischen den Baumstämmen.

Zufällig wohnte dort schon jemand. Zwei Igel hatten darin ein wunderbar warmes Winternest gebaut.

»Hier bist du absolut sicher«, sagten sie stolz. »An uns traut sich nicht einmal der Fuchs heran.«

Was für ein Glücksfall, dachte die kleine Maus.

Falsch gedacht! Weiches Mäusefell und piksendes Stachelkleid passen einfach nicht zusammen. Dauernd wurde die kleine Maus in den Po gestochen. Und weil sie dann wild herumzappelte, kamen auch die Igel nicht zur Ruhe. Es war zum Verrücktwerden!

Musste die Maus etwa doch draußen übernachten?

Schließlich fiel ihr etwas ein. Schnell schlüpfte sie noch einmal ins Freie. Die Igel warteten gespannt. Nach einer Weile huschte ein seltsamer Mini-Igel zu ihnen ins Nest zurück. Es war die Maus – mit einer stacheligen leeren Kastanienschale auf dem Rücken.

»So«, sagte sie zufrieden. »Jetzt könnt ihr näher rücken. Aber wehe, einer von euch schnarcht!«

Theodor Storm

Der kleine Häwelmann

Es war einmal ein kleiner Junge, der hieß Häwelmann. Des Nachts schlief er in seinem Rollenbett und auch des Nachmittags, wenn er müde war; wenn er aber nicht müde war, so musste seine Mutter ihn darin in der Stube umherfahren, und davon konnte er nie genug bekommen.

Nun lag der kleine Häwelmann eines Nachts in seinem Rollenbett und konnte nicht einschlafen; die Mutter aber schlief schon lange neben ihm in ihrem großen Himmelbett.

»Mutter«, rief der kleine Häwelmann, »ich will fahren!«

Und die Mutter langte im Schlaf mit dem Arm aus dem Bett und rollte die kleine Bettstelle hin und her, und wenn ihr der Arm müde werden wollte, so rief der kleine Häwelmann: »Mehr, mehr!«, und dann ging das Rollen wieder von vorne an. Endlich aber schlief sie gänzlich ein; und soviel Häwelmann auch schreien mochte, sie hörte es nicht; es war rein vorbei.

Da dauerte es nicht lange, so sah der Mond in die Fensterscheiben, der gute alte Mond, und was er da sah, war so possierlich, dass er sich erst mit seinem Pelzärmel über das Gesicht fuhr, um sich die Augen auszuwischen; so etwas hatte der alte Mond all sein Lebtag noch nicht gesehen: Da lag der kleine Häwelmann mit offenen

Augen in seinem Rollenbett und hielt das eine Beinchen wie einen Mastbaum in die Höhe. Sein kleines Hemd hatte er ausgezogen und hing es wie ein Segel an seiner kleinen Zehe auf; dann nahm er ein Hemdzipfelchen in jede Hand und fing mit beiden Backen an zu blasen. Und allmählich, leise, leise, fing es an zu rollen, über den Fußboden, dann die Wand hinauf, dann kopfüber die Decke entlang und dann die andere Wand wieder hinunter.

»Mehr, mehr!«, schrie Häwelmann, als er wieder auf dem Boden war; und dann blies er wieder seine Backen auf und dann ging es wieder kopfüber und kopfunter.

Es war ein großes Glück für den kleinen Häwelmann, dass es gerade Nacht war und die Erde auf dem Kopf stand; sonst hätte er doch gar zu leicht den Hals brechen können.

Als er dreimal die Reise gemacht hatte, guckte der Mond ihm plötzlich ins Gesicht.

»Junge«, sagte er, »hast du noch nicht genug?«

»Nein«, schrie Häwelmann, »mehr, mehr! Mach mir die Tür auf! Ich will durch die Stadt fahren; alle Menschen sollen mich fahren sehen.«

»Das kann ich nicht«, sagte der gute Mond; aber er ließ einen langen Strahl durch das Schlüsselloch fallen; und darauf fuhr der kleine Häwelmann zum Haus hinaus.

Auf der Straße war's ganz still und einsam. Die hohen Häuser standen im hellen Mondschein und glotzten mit ihren schwarzen Fenstern recht dumm in die Stadt hinaus; aber die Menschen waren nirgends zu sehen. Es rasselte recht, als der kleine Häwelmann in seinem Rollenbette über das Straßenpflaster fuhr; und der gute Mond ging immer neben ihm und leuchtete.

So fuhren sie Straßen aus, Straßen ein; aber die Menschen waren nirgends zu sehen.

Als sie bei der Kirche vorbeikamen, da krähte auf einmal der große goldene Hahn auf dem Glockenturme. Sie hielten still.

»Was machst du da?«, rief der kleine Häwelmann hinauf.

»Ich krähe zum ersten Mal!«, rief der goldene Hahn herunter.

»Wo sind denn die Menschen?«, rief der kleine Häwelmann hinauf.

»Die schlafen«, rief der goldene Hahn herunter, »wenn ich zum dritten Mal krähe, dann wacht der erste Mensch auf.«

»Das dauert mir zu lange«, sagte Häwelmann, »ich will in den Wald fahren, alle Tiere sollen mich fahren sehen!«

»Junge«, sagte der gute alte Mond, »hast du noch nicht genug?«

»Nein«, schrie Häwelmann, »mehr, mehr! Leuchte, alter Mond, leuchte!«

Und damit blies er die Backen auf, und der gute alte Mond leuchtete, und so fuhren sie zum Stadttor hinaus und übers Feld und in den dunklen Wald hinein.

Der gute Mond hatte große Mühe, zwischen den vielen Bäumen durchzukommen; mitunter war er ein ganzes Stück zurück, aber er holte den kleinen Häwelmann doch immer wieder ein. Im Walde war es still und einsam; die Tiere waren nicht zu sehen; weder die Hirsche noch die Hasen, auch nicht die kleinen Mäuse.

So fuhren sie immer weiter, durch Tannen- und Buchenwälder, bergauf und bergab. Der gute Mond ging nebenher und leuchtete in alle Büsche; aber die Tiere waren nicht zu sehen.

Nur eine kleine Katze saß oben in einem Eichbaum und funkelte mit den Augen.

Da hielten sie still. »Das ist der kleine Hinze!«, sagte Häwelmann. »Ich kenne ihn wohl, er will die Sterne nachmachen.«

Und als sie weiterfuhren, sprang die kleine Katze mit von Baum zu Baum.

»Was machst du da?«, rief der kleine Häwelmann hinauf.

»Ich illuminiere!«, rief die kleine Katze herunter.

»Wo sind denn die andren Tiere?«, rief der kleine Häwelmann hinauf.

»Die schlafen«, rief die kleine Katze herunter und sprang wieder einen Baum weiter; »horch nur, wie sie schnarchen!«

»Junge«, sagte der gute alte Mond, »hast du noch nicht genug?«

»Nein«, schrie Häwelmann, »mehr, mehr! Leuchte, alter Mond,

leuchte!« Und dann blies er die Backen auf und der gute alte Mond leuchtete.

Und so fuhren sie zum Walde hinaus und dann über die Heide bis ans Ende der Welt und dann gerade in den Himmel hinein. Hier war es lustig; alle Sterne waren wach und hatten die Augen auf und funkelten, dass der ganze Himmel blitzte. »Platz da!«, schrie Häwelmann und fuhr in den hellen Haufen hinein, dass die Sterne links und rechts vor Angst vom Himmel fielen.

»Junge«, sagte der gute alte Mond, »hast du noch nicht genug?«

»Nein!«, schrie der kleine Häwelmann. »Mehr, mehr!« Und – hast du nicht gesehen! fuhr er dem alten Mond quer über die Nase, dass er ganz dunkelbraun im Gesicht wurde.

»Pfui!«, sagte der Mond und nieste dreimal. »Alles mit Maßen!« Und damit putzte er seine Laterne aus und alle Sterne machten die Augen zu.

Da wurde es im ganzen Himmel auf einmal so dunkel, dass man es ordentlich mit Händen greifen konnte. »Leuchte, alter Mond, leuchte!«, schrie Häwelmann, aber der Mond war nirgends zu sehen und auch die Sterne nicht; sie waren schon alle zu Bett gegangen.

Da fürchtete der kleine Häwelmann sich sehr, weil er so allein im Himmel war. Er nahm seine Hemdzipfelchen in die Hände und blies die Backen auf; aber er wusste weder aus noch ein, er fuhr kreuz und quer, hin und her, und niemand sah ihn fahren, weder die Menschen noch die Tiere, noch auch die lieben Sterne.

Da guckte endlich unten, ganz unten am Himmelsrande, ein rotes, rundes Gesicht zu ihm herauf, und der kleine Häwelmann meinte, der Mond sei wieder aufgegangen.

»Leuchte, alter Mond, leuchte!«, rief er. Und dann blies er wieder die Backen auf und fuhr quer durch den ganzen Himmel und gerade drauflos.

Es war aber die Sonne, die gerade aus dem Meere heraufkam.

»Junge«, rief sie und sah ihm mit ihren glühenden Augen ins Gesicht, »was machst du hier in meinem Himmel?«

Und – eins, zwei, drei! nahm sie den kleinen Häwelmann und warf ihn mitten in das große Wasser. Da konnte er schwimmen lernen.

Und dann?

Ja, und dann? Weißt du nicht mehr? Wenn ich und du nicht gekommen wären und den kleinen Häwelmann in unser Boot genommen hätten, so hätte er doch leicht ertrinken können.

Petra Steckelmann

Kruschelknackknirsch

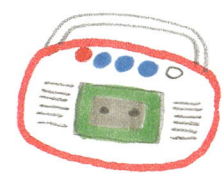

Bevor Marc es sich in dem Kissenberg in seinem Bett gemütlich macht, sagt er seinem Papagei Charly Gute Nacht und deckt den Käfig mit einer Decke ab.

»Er spricht immer noch nicht«, sagt Marc zu seiner Mutter, als die ihn zudeckt.

»Hab ein bisschen Geduld, Charly ist doch fast noch ein Baby! Irgendwann spricht er bestimmt«, verspricht Marcs Mama und legt die Kassette in den Rekorder, die Marc jeden Abend vor dem Einschlafen hört.

»Schlaf gut!« Marc bekommt noch ein Küsschen, dann zieht seine Mutter die Tür hinter sich zu.

Die Stimme aus dem Kassettenrekorder beginnt, die Geschichte zu erzählen: »Es war einmal ein kleiner Prinz, der … kruschelknackknirsch …« Der Erzähler verstummt.

Marc spult die Kassette zurück und drückt auf den Startknopf. Noch einmal beginnt die Stimme zu erzählen: »Es war einmal ein kleiner Prinz, der … kruschelknackknirsch …« Und wieder verstummt der Erzähler.

»So ein Krötendreck!«, schimpft Marc. »Der Kassettenrekorder ist kaputt!«

25

»Dann eben nicht«, murmelt er und versucht einzuschlafen.

Plötzlich hört er eine seltsame Stimme: »Es war einmal ein kleiner Prinz, Herr Kruschelknackknirsch.«

Marc muss lachen. Dann erzählt die seltsame Stimme weiter: »Der Prinz lebte hoch oben in den Wolken. So hoch, dass er die Regentropfen sehen konnte, bevor sie zur Erde fielen.«

Marc springt aus seinem Bett und tapst in die Richtung, aus der die Stimme kommt. Vor dem Papageienkäfig bleibt er stehen und zieht die Decke runter. Tatsächlich, Charly sitzt in seinem Käfig und plappert und plappert. Schnell huscht Marc zurück ins Bett und hört sich Charlys Geschichte an.

»Und wenn der kleine Prinz noch immer keinen Regenschirm gekauft hat, dann wird er noch heute nass«, sagt Charly, und die Geschichte ist zu Ende.

»Super, ab jetzt erzählst du mir jeden Abend die Geschichte vom Prinzen Kruschelknackknirsch«, sagt Marc und klatscht Beifall. »Gute Nacht, Charly.«

»G-u-t-e-N-a-c-h-t-M-a-r-c!«, antwortet der Papagei, schließt seine Augen und steckt seinen Schnabel ins Gefieder.

Rolf Krenzer

Papas Gutenachtgeschichte

Mama liest jeden Abend eine Geschichte aus dem dicken Vorlese-buch vor. Nur dienstags nicht; da geht sie zum Turnen. Und dann ist Papa mit dem Vorlesen dran.

Anna mag es am liebsten, wenn Mama ihr vorliest. Aber diens-tags muss sie mit Papa auskommen.

Papa weiß nie, was er vorlesen soll. Deshalb sagt er: »Ich erzähle dir eine Geschichte.«

Aber Papa weiß nie eine Geschichte.

»Das letzte Mal hat du auch schon keine Geschichte gewusst!«, meint Anna vorwurfsvoll.

»Und was haben wir da gemacht?«, fragt Papa.

»Du wolltest mir ein Märchen erzählen«, sagt Anna.

»Richtig!« Papa nickt.

»Aber dann hast du auch kein Märchen gewusst!«, sagt Anna.

Papa nickt wieder. Er erinnert sich. »Und was haben wir dann gemacht?«

»Ich habe dir ein Märchen erzählt«, sagt Anna.

»Toll!«, ruft Papa. »Dann machen wir es heute wieder genauso. Du erzählst und ich höre zu.«

»Nein!« Anna schüttelt ganz entschieden den Kopf.

»Heute erzählen wir uns zusammen ein Märchen«, schlägt sie vor. »Du und ich.«

»Prima«, sagt Papa. »Wie wäre es mit ›Die Geiß und die sieben Wölflein‹ oder vielleicht ›Schneewitzchen und Rosenkohl‹?«

»Die Märchen gibt es doch überhaupt nicht«, antwortet Anna und muss lachen.

»Dann vielleicht ›Blaumützchen‹«, meint Papa.

»Gut«, sagt Anna. »Dann eben Rotkäppchen. Aber du fängst an!«

»Besser du«, sagt Papa leise. »Ich weiß den Anfang nicht.«

Da beginnt Anna zu erzählen: »Es war einmal ein kleines Mädchen. Das hatte ein rotes Mützchen auf dem Kopf ...«

»Jetzt weiß ich es wieder!«, ruft Papa. »Es war weiß wie Schnee, rot wie Blut und schwarz wie Ebenholz. Deshalb nannte es auch jedermann das Blaumützchen.«

»Quatsch!«, sagt Anna. »Es hieß Rotkäppchen. Und es ging in den Wald, um der Großmutter Kuchen und Wein zu bringen.«

»Aber jetzt weiß ich es wieder!« Papa lacht. »Es backte Kuchen für die Oma und sagte: ›Heute back ich, morgen brau ich, übermorgen hol ich mir der Königin ihr Kind!‹«

»Nein!«, sagt Anna. »Die Mutter backte doch den Kuchen!«

»Auch gut«, stimmt Papa zu.

Anna nickt und erzählt weiter: »Als es in den Wald kam, begegnete es dem Wolf. Und als der Wolf das Rotkäppchen sah, sagte er ...«

»Genau so war es«, fällt Papa ihr ins Wort. »Und er sagte: ›Ich bin so satt, ich mag kein Blatt. Mäh, mäh, mäh!‹«

Da hält Anna dem Papa einfach den Mund zu. »Jetzt erzähle ich weiter!«, sagt sie.

Und Anna erzählt von dem Wolf, der, so schnell er konnte, zur Großmutter lief.

»Lass *mich*! Lass *mich*!«, ruft Papa und macht sich frei. »Ich weiß doch, wie es weitergeht. Der Wolf klopfte an und rief: ›Lasst mich herein! Ich bin euer Mütterlein!‹«

Da muss Anna so sehr lachen, dass sie nicht mehr sprechen kann. Endlich erklärt sie: »Das ist das ganz falsche Märchen!«

»Es war aber doch der Wolf«, sagt Papa ernsthaft. »Ich weiß es ganz genau!«

»Aber nein, das war das Märchen mit den sieben Geißlein!«

Papa kratzt sich am Kopf. »Natürlich! Wie konnte ich das nur vergessen. – Komm, erzähl weiter!«, sagt er und nimmt Anna in den Arm.

Da erzählt Anna von dem Wolf, der die Großmutter aufgefressen hat und das arme Rotkäppchen dazu. Papa schnarcht ganz leise vor sich hin. Da gibt Anna ihm einen Stoß. »So, jetzt bist *du* wieder dran«, sagt sie. »Erzähl das von dem Jäger!«

Es dauert ein bisschen, bis Papa weitererzählen kann. Er muss sich erst noch räuspern und noch ein bisschen nachdenken. Endlich sagt er: »Als der Jäger ins Haus trat und die Bescherung sah ...«

Anna strahlt. »Jetzt erzählst du es endlich richtig«, ruft sie begeistert.

»Lass mich nur weitermachen«, sagt Papa. »Als also der Jäger in das Haus trat und die Bescherung sah, da rief er: ›Wer hat von meinem Tellerchen gegessen? Wer hat aus meinem Becherchen getrunken?‹«

»Nein!«, ruft Anna laut und schüttet sich aus vor Lachen. »Es ist wieder falsch!«

Aber Papa erzählt weiter. »Als der Jäger zum Bett trat, rief er: ›Und in meinem Bett liegt ein wunderschönes Mädchen.‹«

»Es war nicht *sein* Bett«, ruft Anna. »Es war auch kein wunderschönes Mädchen.«

»Oh, das habe ich verwechselt«, sagt Papa und sieht Anna so traurig an, dass sie wieder lachen muss. Sie sieht doch genau, dass Papa nur so tut, als wäre er furchtbar traurig. »Natürlich war es kein wunderschönes Mädchen«, verbessert sich Papa. »Es war die alte Oma.«

»Es war der Wolf«, sagt Anna und kann kaum noch sprechen vor Lachen. Sie hat einen Schluckauf.

Da steht plötzlich Mama in der Tür. Das Turnen ist heute ausgefallen.

»Was ist denn hier los?«, fragt sie und blickt Papa ernst an. »Anna sollte längst schlafen!«

Papa nickt ebenso ernst. »Und ich sollte längst vor dem Fernseher sitzen. Das Fußballspiel hat bestimmt schon angefangen.«

»Bitte, bitte, erzähl es noch zu Ende!«, bettelt Anna.

Mama setzt sich auf die andere Seite des Betts. Und Papa erzählt: »Da heiratete der junge Förster die Großmutter. Und wenn jemand vorbeikam, dann öffneten sie das Fenster, versteckten sich hinter dem Vorhang und riefen: ›Knusper, knusper Knäuschen, wer knuspert an meinem Häuschen?‹«

»Das ist aber ein seltsames Märchen«, sagt Mama und schaut Anna und Papa verwundert an. »Wie heißt es denn?«

Da muss Anna so lachen, dass sie lange braucht, bis sie endlich antworten kann. Sie blinzelt Papa zu und sagt: »Es heißt ›Blaumützchen und die sieben Wölflein.‹«

Da muss auch Mama lachen. »Jetzt wird aber schnell geschlafen«, sagt sie dann und jagt Papa aus Annas Zimmer. Sie holt das Vorlesebuch und liest noch eine Geschichte vor, sodass Anna nun auch richtig einschlafen kann.

Aber Papa muss ihr bald wieder einmal ein Märchen erzählen. So lustige Märchen kann nur er erzählen, wenn sie auch falsch sind.

Isabel Abedi

Natalies Traumreise

Ihren Großvater nannte Natalie immer Opa
Persien. Das kam, weil Natalies Großvater in
Persien lebte. Aber seine Ferien verbrachte
er jedes Jahr in Deutschland, bei Natalie und
ihren Eltern.

Und jedes Jahr brachte Opa Persien seiner
Enkeltochter ein Geschenk aus seiner Heimat
mit. Einmal war es eine Spieluhr mit einer
winzigen Bauchtänzerin. Einmal eine Flöte aus
dunklem, bunt bemaltem Holz. Und einmal sogar eine ganze
Kiste voll mit persischen Süßigkeiten. Sehr süß und sehr klebrig
waren die gewesen.

In diesem Jahr aber bekam Natalie etwas ganz Besonderes von ihrem Großvater geschenkt: einen persischen Teppich. Der war so blau wie der Abendhimmel und überall waren märchenhafte Muster aus Blumen und Vögeln.

»Oooooh«, staunte Natalie. »Ist der aber schön! Und so samtig! Der kommt in mein Zimmer. Er passt genau vor mein Bett.«

»Schlaf gut, Natalie«, sagte Opa Persien, als es Zeit war, ins Bett zu gehen. »Und träum was Schönes.«

»Hoffentlich«, sagte Natalie und hüpfte von ihrem neuen Teppich aus ins Bett. Müde war sie eigentlich gar nicht. Am liebsten wäre sie noch mal nach draußen gegangen. Der Abend war so schön. Aber wenigstens hatte Mama das Fenster offen gelassen.

Vom Himmel leuchtete der volle Mond in Natalies Zimmer. Der tauchte den persischen Teppich in ein noch märchenhafteres Licht. Die Blumen schimmerten jetzt ganz silbrig, und die Vögel ... ja die Vögel: Mit einem Mal schien es Natalie, als ob sie sängen.

Und der Teppich ... was geschah denn plötzlich mit dem Teppich?

Er erhob sich vom Boden ... und schwebte. Leicht und langsam, bis an Natalies Bettrand. Die Vögel schienen Natalie jetzt singend zu rufen:

Komm zu uns, Natalie, steig auf,
Flieg mit uns, hinaus, hinauf!
Reise mit uns durch die Nacht,
Bis am Morgen die Sonne erwacht.

Natalies Augen wurden rund und runder. Und ihre Lust, auf diesen märchenhaften Teppich zu steigen, wurde groß und größer.

Rasch schlug sie die Bettdecke zurück und kletterte hinauf. Sanft wie ein Schaukelschiff erhob sich der Teppich mit Natalie in die Luft. Er segelte zum geöffneten Fenster und flog hinaus in die warme Sommernacht. Hoch und höher, dem vollen Mond und den Sternen entgegen.

Die Vögel hatten sich von dem abendhimmelblauen Teppichgrund erhoben. Zwitschernd und singend saßen sie auf Natalies Knien. Nur einer, der kleinste, hockte auf Natalies Schulter und hatte sein weiches Köpfchen an ihren Hals geschmiegt.

Und Natalie?

Die saß nur da und schaute und staunte. Tief unter ihr lag wie ein Spielzeugland die Erde. Und um sie herum strahlten, funkelten und glitzerten die Sterne. Natalie hörte sie klingeln wie Millionen winzig kleiner Glöckchen. Die Vögel sangen dazu:

> *Hörst du, wie die Sternlein klingen*
> *Hier am großen Himmelszelt?*
> *Hörst du, wie wir Vöglein singen*
> *Weithin über alle Welt …*

Natalie hörte es – und fühlte sich mit einem Mal ganz schläfrig. Behaglich streckte sie sich aus und schloss die Augen. Eine weiße Wolke kam herangeschwebt und deckte sie zu wie eine weiche Decke.

So segelte Natalie auf ihrem fliegenden Teppich durch die Nacht – bis sie von einer vertrauten Stimme geweckt wurde: »Natalie!

Was machst du denn auf deinem Teppich? Hast du etwa die ganze Nacht darauf geschlafen?«

Natalie öffnete die Augen und sah in Mamas verwundertes Gesicht.

Sie lag wirklich noch auf ihrem Teppich, aber der war wieder dort, wo er hingehörte. Zu Hause, neben ihrem Bett.

Im Türrahmen lehnte Opa Persien und zwinkerte Natalie zu.

»Na?«, fragte er. »Hast du etwas Schönes geträumt?«

Gina Ruck-Pauquèt

Der kleine Zauberer und das Sternchen

In den warmen samtblauen Nächten schläft der kleine Zauberer mitten im duftenden Gras. Dann decken die Bäume ihn mit ihren Schatten zu und der Mond breitet sein Tuch aus Silbergespinst darüber.

Einmal aber gibt es eine Nacht, die ist so schön, dass der kleine Zauberer nicht schlafen kann. Er klettert auf einen Baum und schaut sich den Himmel an. Und dann bekommt er plötzlich Lust, ein wenig zu zaubern.

»Hokuspokus Simsalabim«, sagt er.

Und genau in diesem Augenblick stürzt ein Sternchen vom Himmel und verfängt sich in den Zweigen des Baumes, in dem der kleine Zauberer sitzt.

»O weh!«, sagt der kleine Zauberer, und er ruft die Tiere der Nacht herbei. »Seht, es ist meine Schuld, dass das Sternchen vom Himmel fiel!«

In Wirklichkeit aber ist das Sternchen vor lauter Übermut heruntergesprungen. Denn auch der größte Zauberer kann nicht die Sterne vom Himmel zaubern.

Der kleine Zauberer nimmt das Sternchen behutsam in seine Hände und trägt es vor sich her. Und wohin er auch kommt, erwachen die Menschen und die Tiere von dem wunderbaren Licht und folgen ihm nach.

Aber als die Stunden vergehen, beginnt der Zauberer, sich Sorgen zu machen.

»Seht nur«, sagt er, »das Sternchen wird immer blasser. Es muss an den Himmel zurück.«

Doch sooft er auch seinen Zauberspruch spricht, es gelingt ihm nicht, das Sternchen zurückzuschicken.

»Uhu«, bittet der kleine Zauberer den Vogel mit den Lampenaugen, »nimm das Sternchen und bring es zum Himmel zurück. Ich will dir auch eine Stecknadel geben, damit du es festmachen kannst.«

»Gut«, sagt der Uhu, und er trägt das Sternchen in seinem Schnabel davon.

Bald aber kehrt er traurig zurück.

»Ich kann nicht so weit fliegen«, seufzt er. »Der Himmel ist fern.«

Da wendet sich der kleine Zauberer an das Wiesel.

»Wiesel«, bittet er, »du kannst so schnell laufen. Trag das Sternchen in deinem Schnäuzchen zum Himmel hin.«

Das Wiesel versucht es. Doch es dauert nicht lange, da kommt es müde zurück.

»Ich finde den Weg nicht«, schluchzt es.

Der kleine Zauberer wird sehr traurig, denn schon kriecht im Osten die Dämmerung herauf.

Bestimmt sind die Sterne gezählt, denkt er. Und dieser wird jetzt vermisst.

»Kann ich dir helfen?«, hört er da eine zarte Stimme.

»Wer bist du?«, fragt der kleine Zauberer.

»Ich bin die Lerche«, entgegnet der Vogel.

»Willst du das Sternchen nach Hause tragen?«

»Nicht ich«, sagt die Lerche, »aber vielleicht mein Lied. Denn mein Lied steigt bis zum Himmel hinauf.«

Und dann beginnt die Lerche zu singen. Und mit dem Lied der Lerche steigt das Sternchen empor, hoch und höher, bis zum Firmament.

»Wie kann es nur sein«, wundert sich der kleine Zauberer, »dass ein Lied stärker ist als jeder Zauber?«

Und alle, die bei ihm sind, senken die Köpfe und wissen es nicht.

Elisabeth Zöller / Brigitte Kolloch

Moritz schläft bei Oma

Moritz schläft heute zum ersten Mal bei Oma. Ein bisschen krib-
belig im Bauch ist ihm schon, aber jetzt muss Moritz erst einmal
packen. Was braucht man alles, wenn man nicht zu Hause in seinem Bett schläft? Moritz packt die Zahnbürste und Zahnpasta ein,
die Haarbürste, den Schlafbären und seinen Schlafanzug. Und seinen Lieblingsritter! Und dann holt er noch seine Spieluhr, weil er
die Musik abends gerne hört.

»Willst du keines von deinen Geschichtenbüchern mitnehmen?«,
fragt Mama.

»Nein«, sagt Moritz. »Oma hat doch selbst Bücher und die besten
Geschichten erzählt sie sowieso.«

Als endlich alles in Moritz' kleinem Koffer untergebracht ist, will
er auch gleich los. »Wann fahren wir endlich?«, fragt er ungeduldig.

Mama muss lachen. »Wir fahren erst heute Abend. Ein bisschen
Geduld musst du schon noch haben.«

Etwas später bringt Mama Moritz zu Oma. Kaum hat Moritz auf
die Klingel gedrückt, macht Oma die Tür auf und ruft: »Herzlich
willkommen, Moritz. Ich freu mich, dass du heute bei mir
schläfst.« Sie führt ihren Moritz in das kleine Zimmer, wo alle Gäs-
te von Oma schlafen. Das Bett ist schon gemacht und ein gelber

Bezug aufgezogen. Moritz setzt gleich seinen Bären auf die Bettdecke und die Spieluhr legt er daneben. Ob er in dem Bett gut
schlafen kann?

Als alles richtig eingerichtet ist und sogar Moritz' Zahnbürste
und Waschsachen im Badezimmer sind, sagt Mama: »Ich glaub,
jetzt kann ich fahren.« Sie gibt Moritz ein Küsschen und Oma
noch einmal ihre Handynummer, falls irgendetwas sein sollte.

Als Erstes essen Moritz und Oma gemütlich zu Abend. Es gibt
Oma-Spezial-Wurstbrote und jede Menge Geschichten. Moritz
liebt Geschichten. Und deshalb, und das gibt es nur bei Oma,

bekommt er sogar beim Essen Geschichten vorgelesen. Oma liest eine Geschichte von einem ungeschickten Indianer und eine von einem echten Wikinger, der Drachen zähmen kann, vor. Und dann, und das ist wirklich etwas ganz Besonderes, dann denkt sie sich selbst noch eine Geschichte von einem mutigen Seeräuber aus, der über sieben Meere fährt und einen riesigen Bananenschatz erobert.

»So«, meint Oma, »jetzt ist der Bananenschatz gefunden und du musst dich fürs Bett fertig machen.«

»Oma, kann ich noch baden?«, fragt Moritz.

»Klar«, sagt Oma. Bei Oma im Bad gibt es Schiffe und Enten. Erst spielt Moritz in der Wanne Pirat, aber dann wird er auf einmal ganz müde. Als Oma nachschaut, sitzt Moritz im Badewasser und ist fast eingeschlafen. Oma nimmt ihren müden Piraten und kuschelt ihn in das Badetuch. Sie zieht ihm den Schlafanzug an und bringt ihn ins Bett. »Moritz, dein Schutzengel passt auf dich auf. Das war ein schöner Tag.«

»Oma, noch eine Geschichte …«, murmelt Moritz.

Und Oma erzählt noch eine Geschichte von den Traumelfen, die in ihrem Wolkenschloss jede Nacht die Träume für die Kinder aussuchen.

Und noch während Oma neben ihm sitzt und erzählt, ist Moritz eingeschlafen.

Mitten in der Nacht steht Moritz auf einmal vor Omas Tür: »Oma, ist die Nacht bald vorbei?«

Oma macht das Licht an, schaut auf die Uhr und sagt: »Nein, Moritz, jetzt ist gerade erst Mitternacht vorbei.«

»Ich kann nicht schlafen.« Moritz guckt Oma an. »Oma, erzählst du mir eine Gespenstergeschichte?«

»Jetzt?« Oma gähnt.

»Bitte, bitte, ich kann nicht schlafen.«

»Gut, aber danach wird weitergeschlafen.«

Oma bringt Moritz wieder ins Bett, Moritz kuschelt sich in seine Decke. Oma erzählt ihm eine Geschichte von Gespenstern, die ein Zauberkraut finden und davon ganz, ganz müde werden und einschlafen. Und als die Geschichte zu Ende ist, ist auch Moritz wieder eingeschlafen.

Nur Oma, die ist noch wach.

Brüder Grimm
Die Sterntaler

Es war einmal ein kleines Mädchen, dem waren Vater und Mutter gestorben, und es war so arm, dass es kein Kämmerchen mehr hatte, darin zu wohnen, und kein Bettchen mehr, darin zu schlafen, und endlich gar nichts mehr als die Kleider auf dem Leib und ein Stückchen Brot in der Hand, das ihm ein mitleidiges Herz geschenkt hatte. Es war aber gut und fromm, und weil es so von aller Welt verlassen war, ging es im Vertrauen auf den lieben Gott hinaus ins weite Feld.

Da begegnete ihm ein armer Mann, der sprach: »Ach, gib mir etwas zu essen, ich bin so hungrig.«

Es reichte ihm das ganze Stückchen Brot und sagte: »Gott segne dir's!«, und ging weiter.

Da kam ein Kind, das jammerte und sprach: »Es friert mich so an meinem Kopfe, schenk mir etwas, womit ich ihn bedecken kann.«

Da tat es seine Mütze ab und gab sie ihm.

Und als es noch eine Weile gegangen war, kam wieder ein Kind und hatte kein Leibchen an und fror; da gab es ihm seins.

Und noch weiter, da bat eins um ein Röcklein, das gab es auch her.

Endlich gelangte es in einen Wald und es war schon dunkel

geworden. Da kam noch eins und bat um ein Hemdlein, und das fromme Mädchen dachte: »Es ist dunkle Nacht, da sieht dich niemand, du kannst wohl dein Hemd weggeben«, und zog das Hemd aus und gab es auch noch her.

Und wie es so stand und gar nichts mehr hatte, fielen auf einmal die Sterne vom Himmel und waren lauter harte, blanke Taler; und obgleich es sein Hemdlein weggegeben, so hatte es ein neues an, und das war vom allerfeinsten Linnen. Da sammelte es sich die Taler hinein und war reich für sein Lebtag.

Dorothee Haentjes

Bärenträume

Seit einiger Zeit wurde es immer stiller im Wald. Der kleine Bär saß vor der Höhle und sah in die Bäume. Die bunten Blätter waren nun braun geworden. Und viele waren auch schon abgefallen.

»Früher habt ihr im Morgengrauen immer ein richtiges Konzert gegeben«, sagte der kleine Bär zu den wenigen Vögeln, die noch in den Zweigen saßen. »Warum singt ihr jetzt nicht mehr?«

Eine kalte Windböe wehte durch den Wald. Die Vögel plusterten sich auf und schüttelten das Gefieder.

»Weil es Winter wird. Viele von uns sind schon gar nicht mehr da«, antworteten sie. »Sie sind mit ihren Schwärmen weit weg gezogen. Nach Süden.«

»Nach Süden?«, fragte der kleine Bär. »Warum?«

»Weil es da trocken und warm ist«, antworteten die Vögel. »Und wir sind auch bald nicht mehr da.«

Der kleine Bär ging zur Bärin. »Ich will auch weit weg nach Süden und dort den Winter verbringen. Da ist es trocken und warm.«

»Trocken und warm ist es in unserer Höhle doch auch«, antwortete die Bärin.

»Aber sie ist nicht weit weg«, sagte der kleine Bär. »Sie liegt hier im Wald.«

»Weißt du eigentlich, wie weit ein Bär träumen kann, wenn er im Winter in seiner Höhle liegt und schläft?«, fragte die Bärin.

Der kleine Bär überlegte. »Vielleicht bis nach Süden?«, fragte er.

»Nein«, sagte die Bärin. Sie zog den kleinen Bären zu sich heran und rollte ihn vor ihrem Bauch zusammen. »Noch viel, viel weiter weg.«

»Wie weit denn?«, fragte der kleine Bär. Aber noch bevor er sich etwas vorstellen konnte, was weiter weg lag als der Süden, schlief er ein. Und in seinem Bärentraum war er tatsächlich so weit fort, wie er es niemals gedacht hatte.

Paul Maar

Die Prinzessin kann nicht schlafen

Einmal konnte die Prinzessin einfach nicht einschlafen, obwohl sie es wirklich ganz, ganz stark versuchte.

Ihr Vater, der König, hatte ihr schon zwei Geschichten vorgelesen, aber sie schlief immer noch nicht. Also las er auch noch eine dritte vor. Danach gähnte er tief »Uaaaah« und fragte vorsichtig: »Schläfst du jetzt?«

»Nein«, antwortete die Prinzessin. »Außerdem ist das eine ganz doofe Frage.«

»Na, hör mal! Wie redest du mit deinem Vater?«, sagte der König. »Wieso ist das eine doofe Frage?«

»Weil man darauf nur mit Nein antworten kann«, antwortete die Prinzessin. »Wenn man nämlich schon schläft, kann man nicht mehr Ja sagen.«

»Da ist etwas Wahres dran«, gab der König zu. »Muss ich jetzt noch eine vierte Geschichte vorlesen? Oder gibt es vielleicht etwas anderes, das dich endlich einschlafen lässt?«

Die Prinzessin dachte eine ganze Weile nach und sagte dann: »Wenn ich ein schönes Glas warme Milch ohne Haut bekäme, könnte ich vielleicht einschlafen.«

»Warme Milch?«, rief der König. »Nichts leichter als das.«

Und schon rannte er durch das königliche Treppenhaus hinunter zur königlichen Hofküche.

Der Oberhofkoch schreckte hoch, als der König in die Hofküche stürmte.

Er hatte sich nämlich gerade auf seinen Oberhofküchenstuhl gesetzt, um ein wenig zu schlummern.

»Die Prinzessin kann nicht einschlafen. Ich brauche sofort ein Glas warme Milch!«, rief der König.

»Nichts leichter als das, Herr König«, sagte der Oberhofkoch.

»Na also«, sagte der König. »Dann fang mal gleich an!«

Der Oberhofkoch wiegte den Kopf hin und her und sagte zögernd: »Es gibt allerdings ein Problem dabei.«
»Ein Problem?«, fragte der König.
»Um die Milch zu wärmen, muss ich den Oberhofküchenherd anschüren. Leider habe ich kein Kleinholz«, sagte der Oberhofkoch. »Aber schon morgen früh kommt der königliche Holzfäller und bringt welches.«
»Denkst du, ich will bis morgen früh warten?«, rief der König, schwang sich auf sein Pferd und ritt zum Holzfäller.

Der Holzfäller hatte es sich in seinem hölzernen Schaukelstuhl bequem gemacht und war gerade dabei, ein wenig zu schlummern, als plötzlich der König in seine Hütte stürmte.

Der Holzfäller schreckte hoch und fragte: »Womit kann ich dienen, gnädiger Herr König?«

Der König sagte: »Die Prinzessin kann nicht einschlafen und möchte ein Glas warme Milch. Der Oberhofkoch soll sie warm machen, aber er kann den Herd nicht anschüren, weil er kein Kleinholz hat. Also brauche ich Kleinholz. Und zwar schnell.«

»Nichts leichter als das«, sagte der Holzfäller.

»Na also«, sagte der König. »Dann fang mal gleich an!«

Der Holzfäller sagte: »Es gibt allerdings ein Problem dabei.«

»Ein Problem?«, fragte der König.

»Um Kleinholz zu machen, muss ich einen großen Holzklotz zerhacken. Aber mein Beil ist stumpf geworden«, sagte der Holzfäller. »Gleich morgen früh gehe ich zum königlichen Schmied und lasse das Beil schärfen.«

»Denkst du, ich will bis morgen früh warten?«, rief der König, ergriff das Beil des Holzfällers, schwang sich auf sein Pferd und ritt damit rasch zum Schmied.

Der Schmied saß derweil in seiner Werkstatt auf einem Schmiedehocker, hatte die Beine auf den Amboss gelegt und war gerade dabei, ein wenig zu schlummern, als der König hereinkam.

Er sprang auf, als er seinen König erkannte, verbeugte sich tief und fragte: »Womit kann ich dienen, gnädiger König?«

Der König sagte: »Die Prinzessin kann nicht einschlafen und möchte ein Glas warme Milch. Der Oberhofkoch soll sie warm machen, aber er kann den Herd nicht anschüren, weil er kein Kleinholz hat. Der Holzfäller soll das Holz klein hacken, aber kann es nicht, denn das Beil ist stumpf. Du sollst es schärfen.«

»Nichts leichter als das«, sagte der Schmied.

»Und was ist diesmal das Problem dabei?«, fragte der König.

»Problem?«, fragte der Schmied. »Wieso? Es gibt
kein Problem.«

Und im Nu hatte er das Beil geschärft.

Der König bedankte sich und brachte es dem
Holzfäller.

Es dauerte gerade mal achteinhalb Minuten,
da hatte der Holzfäller schon ein ganzes Bün-
del Kleinholz gehackt, es gut verschnürt und
dem König gereicht. Der schwang sich aufs
Pferd und ritt damit zurück zum Schloss, wo
der Oberhofkoch gleich Feuer im Herd
machte, einen Topf mit Milch aufsetzte und
sie gerade so lange auf dem Herd ließ, dass
sie gut warm wurde, aber trotzdem keine
Haut bekam. Das ist eine Kunst, die nur die
wenigsten Köche beherrschen. Aber
schließlich war er ja auch Oberhofkoch.

Die warme Milch wurde in einen königlichen Kristallbecher geschüttet, aufs königliche Silbertablett gestellt, und schon stieg
der König damit hoch zum Schlafzimmer der
Prinzessin. »Jetzt kannst du endlich einschlafen,
denn hier bringe ich dir deine …«, fing er an, ver-
stummte aber schnell.

Denn die Prinzessin lag friedlich schlafend in ihrem Daunenbett.
»Hm. Und was macht man mit einer schönen warmen Milch
ohne Haut, die nicht gebraucht wird?«, fragte sich der König. Er
flüsterte natürlich, um seine Tochter nicht zu wecken.

56

»Wäre es nicht schade, sie einfach wieder kalt werden zu lassen? Ja, das wäre sogar sehr schade!«

Also setzte er sich in einen der königlichen Hofsessel und trank das Glas in einem Zug leer.

Dann wischte er sich die letzten Milchtropfen von den Spitzen des königlichen Schnurrbarts und murmelte: »So eine schöne warme Milch schmeckt nicht nur gut, sie macht auch ziemlich …«

Mehr sagte er nicht. Denn nun war auch der König eingeschlafen.

Ingrid Kellner

Jan und das Kuschelkaninchen

Abends sitzen die Strandwichtel auf den Dünen. Sie sehen dem Sonnenuntergang zu und lauschen den Wellen.

Jan, der kleinste Strandwichtel, findet das furchtbar langweilig. Er springt auf und ruft: »Ich rutsch noch mal die Düne runter.«

»Bleib besser hier!«, mahnen die Großen. »Bald ist Schlafenszeit.«

Aber Jan will nicht schlafen. Er findet sein Bett grässlich. Es ist aus Heidekraut und kratzt. Also rennt er lieber schnell zur Dünenrutschbahn und saust runter. Wie das zischt, juhu!

Da landet Jan auf etwas Weichem mit zwei langen Ohren und einer Schnuppernase.

»Hoppla!«, sagt es erschrocken.

»Entschuldige!«, sagt Jan. »Wer bist du denn?«

»Ein Kaninchen«, sagt es. »Ich bin neu in der Gegend, weißt du, und suche eine Höhle.«

»Kein Problem«, sagt Jan. »Höhlen haben wir jede Menge. Wenn du möchtest, kannst du bei mir wohnen.«

In dieser Nacht schläft Jan wunderbar weich. Er kuschelt sich an das Kaninchen. Das ist viel besser als das harte, kratzige Heidekraut.

Die anderen Strandwichtel sind ein bisschen neidisch auf Jan.

Sie hätten auch gerne ein Kuschelkaninchen! Aber eines Abends ist das Kaninchen verschwunden.

Traurig sieht Jan der Sonne beim Untergehen zu und lauscht den Wellen. Er hat nicht mal mehr Lust zum Dünenrutschen.

Nach drei Tagen ist Jans Kaninchen plötzlich wieder da und hat seine Freunde mitgebracht. »Eure Höhlen sind so gemütlich, da fühlen wir uns richtig wohl!«

Jetzt bekommt jeder Strandwichtel ein eigenes, wunderbar weiches Kuschelkaninchen.

Sarah Bosse

Wann sind wir endlich da?

Fanny und ihre Mama wollen Oma besuchen. Sie müssen mit dem Zug einmal durch ganz Deutschland fahren. Das dauert sehr lange, und deshalb hat Mama vorgeschlagen, in der Nacht zu fahren.

»Dann kannst du die meiste Zeit schlafen und es wird dir nicht langweilig«, hat Mama erklärt.

Nun sitzen sie schon eine ganze Weile im Zug und draußen ist es schon dunkel. Bäume, Sträucher und Häuser fliegen wie riesige Schatten an ihnen vorbei. In vielen Fenstern brennt Licht. Das sieht gemütlich aus.

»Liest du mir das Buch von dem Eichhörnchen noch einmal vor?«, fragt Fanny. Mama seufzt. Das Buch von dem Eichhörnchen hat sie Fanny jetzt nämlich schon drei Mal vorgelesen, genau wie die anderen Bücher, die sie mitgenommen haben. Auch das Kartenspiel haben sie schon ein paarmal gespielt.

»Warum schläfst du nicht ein bisschen?«, fragt Mama und gähnt.

Aber Fanny ist viel zu aufgeregt zum Schlafen. »Und wenn der Schaffner kommt, während wir schlafen?«, fragt Fanny.

Mama lacht und sagt, dann würde er sie bestimmt wecken.

»Und wenn wir längst bei Oma sind und immer noch schlafen?«, fragt Fanny. Aber Mama versichert, bis dahin sei sie längst wieder wach.

»Wo sind wir jetzt?«, fragt Fanny. Mama sagt, sie seien jetzt zwischen Soundso und Soundso. Fanny weiß sowieso nicht, wo das ist, aber die Namen der Städte klingen spannend: Hamburg, Köln, Mainz, Wiesbaden. Den Namen Wiesbaden findet Fanny besonders lustig.

Fanny darf die Füße auf den Sitz kuscheln, wenn sie vorher die Schuhe auszieht. Und Mama liest ihr das Buch vom Eichhörnchen ein viertes Mal vor. Fanny legt den Kopf auf Mamas Schoß und lauscht der Geschichte. Sie hört das Rattern des Zuges und Mamas Stimme. Irgendwann spürt sie, wie Mama ihr die warme Jacke über die Schultern legt und »Gute Nacht, Fanny« flüstert. Dann hört Fanny nur noch das Rattern des Zuges.

Marliese Arold

Milas wunderbares Bett

Mila war mächtig gewachsen. Wenn es so weiterging, würde sie bald nicht mehr in ihr Bett passen! Schon jetzt stieß sie manchmal am Kopfende an. Manchmal auch am Fußende. Der Tag war nicht mehr fern, an dem sie gleichzeitig oben und unten anstoßen würde, und was dann?

»Dann säge ich dir zwei Löcher ins Fußende und du steckst einfach deine Beine durch«, meinte Uwe, Milas großer Bruder. Er hatte zu Weihnachten eine Laubsäge bekommen. Seither war

kein Stück Holz mehr vor ihm sicher. Milas Nussknacker hatte schon dran glauben müssen, aber zum Glück hatte Papa den Kopf wieder angeleimt.

»Löcher im Bett will ich aber nicht«, sagte Mila.

Uwe guckte ihre Beine an. »Vielleicht könnte ich auch deine Beine ein bisschen …«

Da fing Mila an zu schreien und Mama kam ins Zimmer. Sie wollte wissen, was los sei.

»Mila ist langsam zu groß für ihr Bett«, sagte Uwe.

»Ach ja, das Bett«, erwiderte Mama. »Wir wollten schon lange ein neues kaufen. Immer keine Zeit. Aber jetzt am Wochenende! Ganz bestimmt!«

»Kriege ich dann das alte Bett?«, fragte Uwe hoffnungsvoll.

Mama sah ihn verwundert an. »Was willst denn ausgerechnet du damit, du langer Lulatsch?«

»Vielleicht kann ich ein Vogelhäuschen daraus basteln«, schlug Uwe vor. Seine Augen leuchteten.

Mama schüttelte den Kopf. »Milas altes Bett bekommt Tante Franka für ihre kleine Eva.«

»Dann baue ich eben ein Vogelhäuschen aus Milas neuem Bett«, sagte Uwe und grinste.

Mila fing wieder an zu quietschen.

»Du baust überhaupt kein Vogelhäuschen – weder aus dem Küchentisch noch aus unserem Schlafzimmerschrank!«, sagte Mama streng.

»Schade«, murmelte Uwe.

Am nächsten Wochenende fuhr die Familie in ein großes Möbelhaus, genau wie Mama es versprochen hatte.

Sofort stürzte sich ein Verkäufer auf Papa und fragte ihn nach seinen Wünschen.

»Wir suchen ein Bett für unsere Tochter Mila«, antwortete Papa.

»Am besten eins, das mitwächst«, meinte Mama scherzhaft.

»Und mit Vogelhäuschen«, fügte Uwe hinzu.

Jetzt wandte sich der Verkäufer an Mila und beugte sich zu ihr hinab. »Und welche besonderen Wünsche hast du an dein Bett, kleine Dame?«

Mila zuckte die Schultern. »Es soll ein wunderbares Bett sein«, flüsterte sie. »So ein Bett soll noch keiner haben.«

»Hm, hm, mal sehen, was sich machen lässt«, brummte der Verkäufer und bat die anderen, ihm zu folgen. Mit dem Aufzug fuhren sie in die Bettenausstellung im zweiten Stock.

Mila machte große Augen. So viele Betten hatte sie noch nie gesehen. Und was es für Betten gab!

»Wünschen die Herrschaften vielleicht ein Hochbett?«, fragte der Verkäufer. »Oben kann man schlafen, unten kann man spielen. Dazu gehören ein Schreibtisch und ein Kaufladen, und wenn Sie wollen, können wir noch eine Rutsche anbauen und Mila kann jeden Morgen aus dem Bett rutschen.«

»Sehr schön«, sagte Papa.

Auch Mama ging bewundernd um das Hochbett herum.

»Oder soll es vielleicht ein Wasserbett sein?«, fragte der Verkäufer.

Mila probierte die Matratze aus, die wunderschön schaukelte.

»Ganz nett«, meinte Mila, aber das Richtige war es nicht. Sie stand auf und spazierte zu den Himmelbetten. Das waren die schönsten Betten überhaupt, und mittendrin stand eines, das einen rosa Vorhang mit lauter glitzernden Sternen hatte. Es sah aus, als sei es nur für Mila gemacht.

»Das hier«, sagte Mila entschlossen.

»Es hat aber keine Rutsche«, entgegnete der Verkäufer.

»Und kein Vogelhäuschen«, scherzte Uwe.

»Und der Vorhang ist bestimmt ein Staubfänger«, seufzte Mama.

Papa sagte gar nichts. Als Mila zu ihm hochguckte, sah sie, dass seine Augen genauso glitzerten und funkelten wie die Sterne auf dem Himmelbett.

»Einverstanden, Mila«, sagte er. »Das Bett kaufen wir.«

Dann redete Papa mit dem Verkäufer. Der Verkäufer versprach, dass das Bett noch am selben Tag geliefert würde.

Und so war es auch. Mila war überglücklich, als das Bett endlich in ihrem Zimmer stand.

An diesem Abend konnte sie es gar nicht erwarten, schlafen zu gehen. Schon um sieben Uhr zog sie ihr rosa Lieblingsnachthemd an und gab Mama und Papa einen Gutenachtkuss. Dann schlüpfte sie in ihr wunderbares neues Bett.

Immer wieder musste sie den Vorhang streicheln, zog ihn ein Stück auf und wieder zu und fühlte sich wie eine Prinzessin. Das Bett war viel größer als ihr altes Bett, und deswegen passten auch alle Lieblingskuscheltiere hinein: Lulla, das Kaninchen, Mattis, der Löwe, die Giraffe Frieda und Yannick, der Graubär.

Mila spielte so lange mit ihnen, bis sie fand, dass alle todmüde aussahen.

Mitleidig sagte sie: »Ihr dürft jetzt schlafen! Gute Nacht.«

Sie bettete die Kuscheltiere neben sich und knipste das Licht aus.

Wie weich ihr die Kissen vorkamen! Mila war sicher, dass sie in diesem Bett nur die allerschönsten Träume haben würde.

Sie machte die Augen zu.

Doch es dauerte gar nicht lange, da begann es neben ihr zu wispern und zu flüstern.

»Glaubst du, sie schläft schon?«, zischelte es leise.

»Ja, sie atmet ganz gleichmäßig«, flüsterte eine zweite Stimme.

Milas Herz klopfte heftig. Gespenster, dachte sie erschrocken. Im Vorhang sitzen lauter Gespenster. Wir haben ein Bett voller Gespenster gekauft!

Was nun? Sollte sie laut nach Mama und Papa rufen? Oder würden sich die Gespenster dann auf sie stürzen?

Mila rührte sich nicht. Sie lauschte mit angehaltenem Atem.

»Jetzt drängel doch nicht so, du blöder Dickmops!«, schimpfte eine Stimme.

»Selber dick«, brummte eine andere. »Du nimmst mir den ganzen Platz weg.«

»Wenn ihr euch streitet, wacht sie bestimmt gleich auf«, sagte eine dritte Stimme.

Milas Finger tasteten vorsichtig nach der Nachttischlampe. Sie holte tief Luft und knipste das Licht an.

»Ich hab gar keine Angst«, sagte sie laut.

Vor ihr hockten die Kuscheltiere und sahen ganz erschrocken aus. Die Flanken des Kaninchens bebten. Mattis versuchte zu brüllen, aber weil er ein kleiner Löwe war, wurde daraus auch nur ein kleines Gebrüll. Frieda klimperte nervös mit den langen Wimpern und Yannick kratzte sich behäbig den dicken Bauch.

Mila starrte mit großen Augen ihre Stofftiere an.

»Warum seid ihr auf einmal lebendig?«, fragte Mila. »Warum könnt ihr sprechen? Und warum könnt ihr euch bewegen?«

»Das konnten wir doch schon immer«, schnatterte die vorlaute Lulla. »Du hast es nur nie bemerkt.«

Es muss an dem Bett liegen, dachte Mila, und ihr war auf einmal wunderbar warm ums Herz.

»Was ist, Mila?« Lulla drängte sich an sie. »Erzählst du uns eine Gutenachtgeschichte?«

»Au ja, au ja!«, stimmten die anderen ein. Mattis und Yannick knufften sich, weil jeder glaubte, der andere hätte einen besseren Platz. Frieda dagegen war ganz friedlich. Mit ihren schönen dunklen Augen schaute sie Mila unverwandt an und hauchte:

»Ja, bitte, bitte – eine Geschichte!«

»Na gut«, sagte Mila und überlegte. Dann erzählte sie, wie sie und ihre Eltern das wunderschöne Bett gekauft hatten.

»Jetzt erzähle ich auch eine Geschichte«, meldete sich Lulla zu Wort, nachdem Mila mit ihrer Geschichte zu Ende war.

Und Lulla erzählte die Geschichte vom großen Kaninchenrennen. Quer übers Stoppelfeld war die wilde Jagd gegangen und dann wieder zurück. Der Sieger hatte einen Kranz aus Möhren bekommen.

Jetzt mischte sich Mattis ein und wollte die Geschichte vom Löwen erzählen, der zum ersten Mal in seinem Leben Birnenschnaps getrunken und sich dann in eine Hauskatze verliebt hatte.

Doch da wurde er von Mila unterbrochen.

»Pssst!«, machte sie und legte den Finger an die Lippen. Dann knipste sie schnell das Licht aus.

Keine Sekunde zu früh! Mama schaute ins Zimmer und wollte wissen, ob Mila schon schlief.

Mila kniff die Augen zu und atmete tief und gleichmäßig. Sie hörte, wie Mama zufrieden die Türe schloss.

Nach Mattis kam Yannick mit dem Erzählen an die Reihe. Er erzählte von dem Tag, an dem die Bären im Wald von Omas Erdbeermarmelade gekostet hatten und fortan nichts mehr von Honig wissen wollten.

Frieda erzählte von der Giraffe mit dem rot-weißen Schal, die von allen Leuten für einen Leuchtturm gehalten wurde.

Mila bekam die Geschichte nur halb mit. Sie gähnte schon die ganze Zeit.

»Sei mir nicht böse, Frieda, aber kannst du die Geschichte vielleicht morgen Abend weitererzählen?«

»Klar«, sagte Frieda. »Das kann ich.«

»Und wir wissen noch viele andere Geschichten«, kündigte Lulla an.

Aber das hörte Mila schon nicht mehr. Sie war eingeschlafen.

»Na?«, fragten Mama und Papa am nächsten Morgen, als Mila verschlafen zum Frühstück erschien. »Wie hast du in deinem neuen Bett geschlafen?«

Mila lächelte geheimnisvoll vor sich hin. »Sehr gut«, sagte sie. »Es ist wirklich ein prima Bett.«

»Dann sind wir ja zufrieden«, meinte Papa.

Mila überlegte, ob sie erzählen sollte, was das Bett mit ihren Stofftieren gemacht hatte. Aber dann sagte sie doch nichts.

Die Eltern brauchten schließlich nicht alles zu wissen. Und wer weiß, vielleicht hätten sie ihr die Sache auch gar nicht geglaubt …

Hannelore Dierks

Das Bett ist zu groß und riecht so komisch

Ganz fest drückt Robert seinen kleinen grünen Drachen. »Plumpaquatsch, gefällt es dir hier in Tante Sabines Bett?«

Plumpaquatsch schüttelt sich.

»Hast du Angst, weil wir zum ersten Mal alleine woanders schlafen?«

Plumpaquatsch schüttelt sich wieder.

Robert streichelt ihn.

»Ist ja gut, ich bin doch bei dir«, sagt er.

»Tante Sabine hat die kürzeste Gutenachtgeschichte der Welt erzählt«, flüstert Robert. »Und kein Schlaflied gesungen, weil sie kein einziges kennt.«

Robert streckt sich in Tante Sabines Bett aus.

Das Bett ist so groß, denkt er. Und es riecht komisch. Kein bisschen nach mir, auch nicht nach Mama. Und nicht nach Papa.

»Plumpaquatsch, ich muss immer an den Flecki denken. Mein allerliebstes Meerschweinchen. Ob es schon schläft? Hast du auch gerade so ein Knistern gehört? Nein? Mama lässt immer die Tür einen Spalt offen. Dann kann ich Mama und Papa reden hören und so gut einschlafen. Ob Tante Sabine im Wohnzimmer sitzt? Ich könnte mal nachsehen. Aber es ist so dunkel hier!«

Robert setzt sich auf und guckt im Zimmer herum. Er erkennt
ein Bild an der Wand. Ein großer Kopf ist darauf.

»Der sieht gruselig aus!«, sagt Robert.

Er verkriecht sich unter der Decke.

»Plumpaquatsch, hast du das auch gesehen?«, flüstert Robert.

Vorsichtig lugt Robert noch mal unter der Decke hervor.

Da sieht er den Kopf wieder.

»Gruselig! Unheimlich!«, sagt er.

Robert steigt aus dem Bett.

»Komm, Plumpaquatsch, wir gehen nach Hause!«

Robert rennt ins Wohnzimmer zu Tante Sabine.

»Wir wollen nach Hause«, sagt er.

»Nach Hause?«, fragt Tante Sabine.

»Ja!«

»Du wolltest doch bei mir schlafen.«

»Hab ich doch. Ein bisschen. Lange wollte ich nicht.«

»Dann müssen wir wohl deine Mama und deinen Papa anrufen, damit sie dich holen können«, sagt Tante Sabine und gibt Robert einen Kuss.

Robert kuschelt sich auf Tante Sabines Schoß. Er merkt gar nicht, wie Papa ihn später zum Auto trägt. Da schläft er nämlich schon.

Ursel Scheffler

Paula sieht Gespenster

Es ist ein grauer Novembertag. Paula und ihre Freundin Sine
hocken auf dem Fußboden. Sie malen mit Wasserfarben ein
großes Gespensterschloss. Paula malt die Türme und Sine den
Himmel. Das Bild soll ein Geschenk für Paulas Bruder sein.
Der hat bald Geburtstag. Und er mag Gespenstergeschichten.

Plötzlich kommt aus dem Nebenzimmer laute Musik.

»Was ist denn da los?«, ruft Sine erschrocken.

»Das ist Titus. Immer wenn sein Freund Max da ist, lassen sie die Anlage dröhnen.«

»Blöde Krachmacher«, brummt Sine und malt einen riesigen Mond in den blauen Himmel.

»Die wollen uns bloß ärgern«, sagt Paula und malt einen großen Geist auf das Dach.

»Bestimmt ärgern die sich am allermeisten, wenn wir uns nicht ärgern!«, überlegt Sine.

Die Flurtür klappt.

»Mama kommt!«, sagt Paula.

Schlagartig wird die Musik leiser.

»Feiglinge auch noch«, murmelt Sine und malt einen lachenden Geist mitten in den blauen Nachthimmel.

Am nächsten Tag beim Mittagessen fragt Titus: »Mama, bitte, darf Max morgen bei mir übernachten? Seine Eltern sind nicht da.«

»Klar«, sagt Mama.

»Muss das sein?«, sagt Paula und verdreht die Augen.

»Du kannst ja Sine fragen. Vielleicht mag sie auch bei uns schlafen?«, schlägt Mama vor.

»Jippiejeee! Du bist die beste Mama der Welt!«, jubelt Paula.

Am Freitagabend sitzen sechs Personen um den Abendbrottisch: Mama, Papa, Titus, Max, Sine und Paula. Die beiden Jungen sind die reinsten Musterknaben.

»Die haben was vor!«, sagt Paula zu Sine.

»Wir ja auch«, flüstert Sine.

Nach dem Essen gähnt Paula laut und sagt: »Uaaahhh, ich bin so müde!«

»Na, dann gute Nacht, ihr beiden. Ihr habt euch bestimmt noch viel zu erzählen«, sagt Mama und lacht.

»Lass die Babys ins Bett gehen. Wir gucken uns noch mit Papa die Sportschau an!«, sagt Titus großspurig.

»Blöder Angeber!«, sagt Paula und zieht mit Sine ab.

Draußen vor der Tür sind Paula und Sine überhaupt nicht mehr müde! Sie schleichen zum Zimmer der Jungen. Dort verknoten sie Arme und Beine der Schlafanzüge. Den Schlafsack von Max füllen sie mit Papierschnipseln. Dann verteilen sie Legosteine unter dem Betttuch von Titus.

Sie beschmieren den Lichtschalter mit Honig.

»Das dürfte reichen!«, sagt Paula zufrieden.

Dann schleichen die beiden in Paulas Zimmer zurück. Sie warten gespannt. Endlich hört man Schritte und Stimmen auf dem Flur. Die Jungen kommen. Aber Paula und Sine warten vergeblich auf Wutschreie aus dem Nebenzimmer ...

Irgendwann schlafen sie enttäuscht ein.

Um Mitternacht werden die beiden Mädchen von Jammern und Wimmern geweckt. Paula sitzt senkrecht im Bett und starrt in eine Taschenlampe. Sine spürt etwas Glibberiges in ihrem Gesicht.

Zwei Geister in Bettlaken huschen durch das Zimmer.

»Huhu! Ich bin der Ritter ohne Kopf und Kragen!«, heult der Geist vor Paulas Bett.

Paula sieht sofort, dass der Kopf unter dem Arm bloß ein Fußball ist.

»Ich bin das Monster aus dem Bibber-Glibber-See«, wimmert der andere Geist und wischt mit einem tropfnassen Schwamm über Sines Gesicht.

»Haut ab, ihr Idioten!«, schimpft Sine wütend. »Wir wissen genau, dass ihr es seid, ihr Knalltüten!«

»Es gibt doch keine Gespenster!«, ruft Paula empört. Sie wirft mit ihren Pantoffeln.

»Was ist denn hier los?«, hört man nebenan Papas verschlafene Stimme.

Da verschwinden die Geister.

»Alles in Ordnung?«, fragt Papa besorgt und sieht zu den Mädchen ins Zimmer.

»Alles in Ordnung«, sagt Paula. »Die doofen Jungs wollten uns bloß ein bisschen erschrecken!«

Natürlich gibt es keine echten Geister! Das weiß Paula ganz sicher. Und es gibt auch keine unechten, wenn Titus nicht da ist.

Deshalb ist Paula froh, dass Titus am nächsten Wochenende bei Max übernachtet.

»Macht es dir was aus, wenn wir nachher auf einen Sprung zu den Nachbarn rübergehen?«, fragt Papa, als er Paula ins Bett bringt.

»Nö«, sagt Paula. »Geht nur!«

»Hier ist die Telefonnummer«, sagt Papa noch. »Wenn irgendwas ist, dann rufst du einfach an. In zwei Minuten bin ich da!«

»Was soll schon sein?«, sagt Paula.

»Man kann nie wissen«, sagt Papa.

Paula holt ihre Lieblingsstofftiere und verzieht sich ins Bett.

»Schlaf gut, Paulinchen!«, sagt Mama und gibt Paula einen Kuss, der nach Pfefferminzzahnpasta duftet.

Dann sind sie weg.
Paula macht das
Licht aus. Sie ist
müde, aber sie kann
nicht einschlafen.
Sie nimmt ihren roten
Dinosaurier in den Arm
und macht die Augen zu.
Nach einer Weile blinzelt sie.
Gegenüber an der Wand sind
so komische Schatten! Die bewegen
sich hin und her. Geister?
Ach was! Das ist der Schatten der Bäume, die
der Wind hin und her bewegt, beruhigt sich Paula.
Aber dann schlägt nebenan im Bad das Fenster zu.
Paula hört ein unheimliches, schnarrendes Geräusch! Ein Bohrer
oder so was? Es schnurrt und rumpelt. Wenn es kein Gespenst ist,
was dann? Ein Einbrecher?

Paula sitzt senkrecht im Bett und überlegt, was sie tun soll.
Papa anrufen!!!

Aber das Telefon ist im Flur. Das ist ein weiter Weg, wenn man
Angst hat. Und sie darf keinesfalls Licht machen! Aber wie soll
sie dann die Nummer wählen? Da fällt ihr die Taschenlampe ein,
die seit der Geisternacht mit Max und Titus unter ihrem Bett liegt.

Mit weichen Knien schleicht Paula zum Telefon.

Das Geräusch im Bad wird immer lauter und immer gespensti-
scher. Paula knipst die Taschenlampe an und wählt die Nummer
der Nachbarn.

»Papa, komm!«, flüstert sie. »Im Bad ist ein Gespenst!«

Dann saust sie schnell ins Bett zurück und zieht die Decke über den Kopf.

Nach zwei Minuten, die ihr wie eine Ewigkeit vorkommen, ist Papa endlich da.

»Vorsicht!«, ruft Paula noch.

Aber Papa ist schon im Bad.

Er lacht und ruft: »Paulinchen, komm! Sieh dir dein Gespenst mal an!«

Zögernd geht Paula ins Bad. Und dann sieht sie das Gespenst: Papas elektrische Zahnbürste! Sie ist ins Waschbecken gerutscht und hat sich eingeschaltet! Dort zappelt sie und hüpft herum wie ein gefangenes Tier.

Paula lacht und sagt: »Jetzt weiß ich, womit ich Titus und Max das nächste Mal erschrecke: mit einem Zahnbürstengeist!«

Corinna Gieseler
Der Apfelwurm

Herr Schmoll war Verkäufer in einem Möbelgeschäft. Eines Tages fühlte er sich nach der Arbeit krank. Deshalb fuhr er gleich nach Hause, zog seinen Schlafanzug an und legte sich ins Bett.

»Bin ich müde!«, seufzte Herr Schmoll und schloss die Augen.

Nach einigen Minuten merkte er jedoch, dass er Hunger hatte. Herr Schmoll stand wieder auf und schlurfte in die Küche. Der Kühlschrank war fast leer. Die Brotdose auch. Nur in der Obstschale lag noch ein roter Apfel.

»Besser als nichts«, murmelte Herr Schmoll und nahm ihn mit ins Bett. Krachend biss er in den Apfel. Er schmeckte nicht besonders. Und Herr Schmoll sah auch gleich, warum.

In der angebissenen Frucht steckte ein kleiner Wurm!

Der Wurm richtete sich auf und gähnte. Er sah Herrn Schmoll vorwurfsvoll an.

»Du hast mein Haus kaputt gemacht«, beschwerte er sich.

Herr Schmoll guckte verdutzt auf die Apfelhälfte in seiner Hand.

»Dein Haus?«, stotterte er.

Der Wurm nickte. »Wo soll ich jetzt schlafen?«, fragte er.

Herr Schmoll war verwirrt. Und er hatte Kopfschmerzen.

»Also, bei mir jedenfalls nicht«, sagte er und stand auf, um den Apfel samt Bewohner aus dem Fenster zu werfen.

Der Wurm ringelte sich hin und her.

»Aber draußen fressen mich die Vögel!«, rief er.

Herr Schmoll konnte eigentlich keiner Fliege etwas zuleide tun. Betroffen blieb er stehen.

In diesem Moment verlor der Wurm den Halt und fiel hinunter. Direkt in Herrn Schmolls Bett!

»Du meine Güte!«, ächzte Herr Schmoll. Das war wirklich eklig! Womöglich fraß das Tier noch Löcher ins edle Holz! Herr Schmoll zupfte an seiner Decke.

»Komm da sofort wieder raus!«, befahl er.

»Nur wenn ich ein neues Haus bekomme«, erwiderte der Wurm, versteckt hinter den Kissenbergen. »Ein schönes, rundes, rotes.«

Herr Schmoll legte die Hand an die heiße Stirn. Verzweifelt durchsuchte er seine ganze Wohnung. Er fand einen roten Ball, rote Weihnachtskugeln, rote Kerzen, eine rote Clownsnase vom letzten Fasching und ein Glas rote Marmelade. Nichts davon gefiel dem Wurm. Herrn Schmoll gefiel es aber nicht, mit einem Wurm im Bett zu schlafen. Was konnte man da tun?

Kurz vor Geschäftsschluss stürmte Herr Schmoll außer Atem in den nächsten Supermarkt. Die Kassiererin wunderte sich, warum er nur einen Apfel kaufte. Außerdem trug er eine Clownsnase und unter seinem Mantel guckten Pyjamahosen hervor!

Zu Hause legte Herr Schmoll den Apfel in sein Bett.

Tatsächlich! Sofort kroch der Wurm hinter den Kissen hervor und begann, ein Loch in die Frucht zu nagen. Bald war er ganz darin verschwunden.

»Na dann, gute Nacht«, sagte Herr Schmoll erleichtert, trug den Apfel auf den Balkon und schlief bis zum nächsten Morgen.

Der Wurm allerdings schlief etwas länger. Aus ihm wurde nämlich ein kleiner Schmetterling.

Sabine Rahn

Pupsen und popeln südlich des Äquators

»… und so lebten sie glücklich und zufrieden bis an ihr Ende!«, sagt Papa und will gerade leise aufstehen, um sich aus Belindas Zimmer zu schleichen.

»Noch eine!«, ruft Belinda. Sie knipst ihre Taschenlampe an und richtet den Lichtstrahl direkt auf ihn. »Papa! Du bohrst ja in der Nase!«, ruft sie überrascht. »Und zu mir sagt ihr immer, das wäre eklig!«

Papa kramt verlegen ein Taschentuch aus der Jeanstasche und schnäuzt sich.

»Ist es ja auch«, sagt er dann. »Das macht man wirklich nicht … hier bei uns jedenfalls nicht.« Er macht eine Pause. »Aber bei den Nasi-Naso-Indianern, die auf einer versteckten kleinen Insel südlich des Äquators leben, ist es sogar denkbar unhöflich, wenn man nicht ab und zu in der Nase bohrt!«

»Ach!«, sagt Belinda und setzt sich auf. »Echt?«

Papa nickt. »Leg dich wieder hin, mach die Augen zu und gib mir die Taschenlampe, dann erzähl ich dir mehr davon!«

Nachdem Papa die Decke rund um Belinda wieder so festgesteckt hat, wie sie es mag, erzählt er weiter: »Die Nasi-Naso-Indianer haben alle ziemlich große Nasenlöcher. Manche sind so

groß, dass man bequem mit Daumen und Zeigefinger gleichzeitig in einem Nasenloch bohren kann.«

Belinda versucht das auch, aber mehr als ein Finger passt einfach nicht in ihre Nase.

Mama streckt den Kopf durch die Tür.

»… Liebespaare bohren sich gegenseitig liebevoll in der Nase …«, sagt Papa mit einem Blick in ihre Richtung. Mama rollt mit den Augen und macht die Tür ohne ein Wort wieder zu.

»Krass!«, sagt Belinda.

»… die Nasi-Naso-Indianer lernen, in der Nase zu bohren, noch ehe sie sprechen, laufen und schwimmen lernen«, fährt Papa fort.

»Echt?«, fragt Belinda.

Papa nickt. »Weil sie so große Nasen – und vor allem auch so riesige Nasenlöcher – haben, *müssen* sie sogar regelmäßig in der Nase bohren, damit die Nase und die Nasenlöcher immer schön sauber und gepflegt aussehen. Mama und ich fragen dich abends immer …«

»… hast du dir die Füße gewaschen und die Zähne geputzt?«, sagen Papa und Belinda im Chor.

Papa lacht. »Und bei den Nasi-Naso-Indianern fragen die Eltern ihre Kinder, bevor sie ihnen eine Gutenachtgeschichte erzählen: Habt ihr auch ordentlich gepupst und ausgiebig in der Nase gebohrt?«

»Pupsen müssen sie auch?«, fragt Belinda begeistert und beweist sofort, dass sie sich ohne Weiteres auch südlich des Äquators bei den Nasi-Naso-Indianern perfekt zu benehmen wüsste.

»Puh!«, sagt Papa und wedelt mit der Hand vor der Nase. »Dann bringe ich mich jetzt lieber mal in Sicherheit!« Er gibt Belinda einen Gutenachtkuss. »Aber ab morgen denke bitte wieder daran, dass wir hier nördlich des Äquators und in Einhausen leben!«, sagt er grinsend.

Belinda schickt zum Abschied noch einen zweiten Pups hinterher und lacht. »Mal sehen!«, sagt sie, als Papa die Tür hinter sich zumacht.

Isabel Abedi

Laluna, die Mondhexe

Zu den Menschenkindern kommt abends das Sandmännchen. Es streut ihnen Sand in die Augen und führt sie ins Reich der Träume. Bei den Hexenkindern tut das Laluna, die Mondhexe. Sie wohnt im Nebelwald und kommt erst, wenn die Kinder eingeschlafen sind. Lalunas Träume sind so traumhaft schön, dass es die Hexenkinder manchmal gar nicht abwarten können, ins Bett zu gehen.

Doch eines Nachts hörten die Hexenkinder plötzlich zu träumen auf. »Ihr habt es sicher nur vergessen«, sagten die Hexenmütter nach ein paar Tagen, denn schließlich kann man sich nicht jeden Morgen an seine Träume erinnern. Aber die Hexenkinder schüttelten die Köpfe. Traumlos wälzten sie sich in ihren Betten hin und her und das Einschlafen fiel ihnen von Abend zu Abend schwerer.

Am siebten Abend trafen sich die Hexenmütter im Haus der Schattenhexe.

»So geht es nicht weiter«, stellte die Sumpfhexe fest.

»Wir müssen etwas unternehmen«, stimmte die Windhexe zu.

»Aber was?«, fragte die Waldhexe ratlos.

Die Flusshexe zupfte an ihrer Algenkette. »Jemand muss zur Mondhexe fliegen«, sagte sie.

Tiefes Schweigen breitete sich aus.

Zum Nebelwald war es weit. Und niemand wusste, wo genau Laluna wohnte.

»Ich werde fliegen«, sagte plötzlich eine kindliche Stimme. Die Hexen blickten sich um. Im Türrahmen stand Ananda, die Tochter der Schattenhexe.

»Warum liegst du nicht im Bett?«, fragte die Schattenhexe erstaunt.

»Weil ich nicht schlafen kann«, sagte Ananda.

Dann stieg sie auf ihren Besen und flog zum Fenster hinaus.

»Du kannst sie doch nicht einfach fliegen lassen«, empörten sich die anderen Hexen, »sie ist doch noch ein Kind!«

Aber die Schattenhexe winkte ihrer Tochter hinterher. »Wenn sich Ananda etwas in den Kopf gesetzt hat, kann man sie sowieso nicht mehr davon abbringen«, sagte sie.

Und so machte sich Ananda auf den Weg zu Laluna. Als sie am Rande des Nebelwaldes landete, war es weit nach Mitternacht. Ananda stapfte durch den Wald. Aber je weiter sie kam, desto nebliger wurde es – und langsam verließ Ananda der Mut. Wie sollte sie Laluna finden, wenn sie nicht mal mehr die Hand vor Augen sah? Gerade als sich Ananda fragte, ob es die Mondhexe überhaupt gab, erblickte sie ein seltsames Licht. Es kam aus einer winzigen Hütte.

Schüchtern trat Ananda ein. Alles war dunkel. Nur auf dem Tisch schimmerte eine silbrige Kugel, die aussah wie der Mond. Vor dem Tisch saß eine sehr kleine Hexe. Sie hatte den Kopf auf die Arme gelegt und schlief. Über ihr schwirrte eine schillernde Luftelfe, die von einem weißen Nebelritter verfolgt wurde.

»Laluna?«, flüsterte Ananda.

Die Luftelfe und der Nebelritter zerplatzten wie Seifenblasen. Die Hexe hob ihren Kopf und blinzelte Ananda verträumt an. »Wie spät ist es?«

»Höchste Zeit für unsere Träume«, sagte Ananda. »Du hast schon sieben Nächte verschlafen.«

Die Mondhexe rieb sich die Augen. »Ich wollte mir selber auch mal ein paar Träume hexen«, sagte sie. »Und die waren so spannend, dass ich einfach weitergeschlafen habe. Mich weckt ja keiner.«

Ananda lächelte. »Dann ist es ja gut, dass ich gekommen bin.«

»Das stimmt«, sagte die Mondhexe, nahm ihre Mondkugel unter

den Arm und griff nach ihrem Besen. »Und wo du schon mal da bist, kannst du mich begleiten. Denn jetzt wird es höchste Traumzeit. Hast du Lust?«

Und ob Ananda Lust hatte! Zusammen mit Laluna machte sie sich auf den Heimweg. Sie flogen von Hexenhaus zu Hexenhaus und vor jedem Fenster öffnete Laluna ihre Mondkugel. Darin war ein feiner, silbriger Staub, den Laluna in die Zimmer der Kinder blies. Ananda staunte. Der Staub verwandelte sich – in Traumgestalten, die auf die schlafenden Kinder herabschwebten.

Als die beiden zu Anandas Haus gelangten, graute der Morgen.

»Nun aber husch, husch!«, rief die Mondhexe. »Und vielen Dank fürs Wecken.«

Ananda stieg in ihr Bett und Laluna pustete ihr ein wenig Mondstaub hinterher. »Schlaf gut«, flüsterte sie, »und träum was Schönes!«

Maja von Vogel

Eine stürmische Nacht

Tim und Laura liegen in ihren Betten. Eigentlich sollen sie schlafen, aber sie sind noch gar nicht müde.

»Wollen wir Schiff spielen?«, flüstert Laura in die Dunkelheit.

»Au ja!«, ruft Tim und klettert zu seiner Schwester ins Bett.

»Aber ich bin der Kapitän«, sagt Laura.

»Manno«, mault Tim. »Warum denn immer du?«

»Weil das mein Bett ist, darum«, sagt Laura und ergreift das Steuer. »Anker lichten!«

Langsam segelt das Schiff aufs offene Meer hinaus. Das Wasser ist ruhig und es weht nur eine leichte Brise.

»Setz das große Segel, Matrose!«, ruft Käpt'n Laura. »Volle Fahrt voraus!«

Matrose Tim klettert den großen Mast hinauf und setzt das Hauptsegel. Dann schwingt er sich in den Ausguck.

»Im Westen ziehen Gewitterwolken auf!«, ruft er dem Käpt'n zu. »Vielleicht sollten wir besser umkehren.«

Aber Käpt'n Laura denkt gar nicht daran, den Kurs zu ändern. Sie hält das Steuer bombenfest und lacht höhnisch: »Haha, du hast doch nicht etwa Angst vor einem kleinen Gewitter, was, Matrose? Jetzt geht der Spaß erst richtig los!«

Laura steuert direkt auf die dunklen Wolken zu. Der Wind weht stärker und die Wellen werden immer höher. Sie türmen sich wie schwarze Riesen vor dem Schiff auf und werfen es hin und her.

Tim krallt sich am Ausguck fest, damit er nicht weggeweht wird. Die salzige Gischt schlägt ihm ins Gesicht und der Wind nimmt ihm fast den Atem. Er blinzelt in die Dunkelheit. Da sieht er plötzlich etwas Helles weit unten im schwarzen, wogenden Meer aufblitzen. Vor Schreck purzelt er fast in die Tiefe.

»Killerhaie!«, ruft er, so laut er kann. »Direkt neben dem Schiff!«

Tim ist sich nicht sicher, ob Käpt'n Laura ihn gehört hat. Der Sturm heult und jault und grölt jetzt so laut, dass man sein eigenes Wort kaum noch versteht.

Doch plötzlich weht Lauras Stimme durch das Sturmgebraus zu ihm hinauf.

»Segel einholen!«, ruft sie. »Sofort!«

Matrose Tim schwingt sich aus dem Ausguck und klettert den Mast hinunter. Der Sturm zerrt an seinen Kleidern und das Schiff schwankt gefährlich hin und her. Plötzlich wird er von einer hinterhältigen Böe ergriffen und über Bord geschleudert.

»Hiiilfe!«, schreit Tim.

Er fällt und fällt. Das schwarze, tosende Meer kommt immer näher. Eine haushohe Welle rollt direkt auf Tim zu. Und dann schlägt kaltes, salziges Meerwasser über seinem Kopf zusammen.

Unter Wasser ist es plötzlich sehr still und stockdunkel. Doch da saust etwas Helles auf Tim zu. Die Killerhaie! Tim fängt an zu schreien. Er schreit und schreit … bis es mit einem Schlag taghell wird.

»Was ist denn hier los?«, fragt Mama.

Tim blinzelt in das helle Licht der Deckenlampe. Er liegt auf dem Fußboden neben Lauras Bett. Die Gewitterwolken haben sich verzogen und der Sturm ist abgeflaut.

»Das war Rettung in letzter Sekunde«, seufzt Tim. »Fast hätten mich die Killerhaie erwischt.«

»Im Kinderzimmer gibt's keine Killerhaie«, sagt Mama. »Ab ins Bett, jetzt wird endlich geschlafen.«

Als Mama wieder nach unten gegangen ist, spürt Tim etwas Hartes in seiner Schlafanzugtasche. Er greift hinein und zieht eine kleine Muschel hervor. Tim lächelt. Beim Einschlafen hält er die Muschel fest in seiner Hand. Und in der Ferne peitscht der Sturm über das Meer …

Anne Hansen

Florentine und die Sache mit dem Feenstaub

Es ist spätabends. Das Mondlicht scheint sanft auf die Bäume und Sträucher und die meisten Waldbewohner schlafen schon tief und fest. Nur die kleine Fee Florentine findet einfach keine Ruhe.

»Morgen ist mein erster Schultag«, denkt sie. »Sicherlich kann ich vor lauter Aufregung die ganze Nacht nicht schlafen.«

Aber schließlich fallen ihr doch die Augen zu.

Als sie sie am nächsten Morgen wieder aufschlägt, wirft sie sogleich das kleine Blatt, mit dem sie sich immer zudeckt, zur Seite und krabbelt aus ihrem Nussschalenbett. Mit einem Tautropfen, der auf einem Grashalm in der Sonne glitzert, wäscht sie sich das Gesicht und die Flügelchen.

»Jetzt muss ich mich aber beeilen, sonst komme ich gleich am ersten Tag zu spät«, denkt sie und macht sich auf den Weg. Leider muss sie zu Fuß gehen, denn das Fliegen lernen kleine Feen erst in der Schule.

»Ob wir gleich heute damit anfangen?« fragt sich Florentine. »Hach, das wäre fein! Vielleicht kann ich dann auf dem Nachhauseweg schon …«

»Flori, Flori!«, ruft da plötzlich jemand aufgeregt.

Florentine dreht sich um. In der Ferne sieht sie eine kleine kugelige Gestalt, die schnell näher kommt. Die Gestalt wackelt beim Laufen hin und her, und die kurzen Beinchen stampfen so schnell über den Waldboden, dass dabei jede Menge Staub aufgewirbelt wird.

»Ich kenne nur eine einzige Fee, die sich so bewegt«, denkt Florentine und winkt der Gestalt zu. »Hallo, Valli!«

Valerie, Florentines beste Freundin, ist eine ziemlich rundliche und sehr fröhliche Fee mit stets geröteten Wangen. An diesem Morgen sind sie ganz besonders rot.

»Ich hab die ganze Nacht nicht geschlafen«, sagt Valli, als sie ihre Freundin eingeholt hat. »Wollen wir uns in der Schule nebeneinandersetzen? Ich bin ja schon so aufgeregt! Ob wir wohl heute gleich das Fliegen lernen?«

Mit Valli an ihrer Seite vergeht die Zeit ganz schnell. Ehe sich's die beiden versehen, stehen sie auch schon vor der Feenschule, einem großen Pilz auf einer schattigen Waldlichtung. Schnell suchen sie sich zwei freie Plätze an den kleinen Borkentischen. Ihre Schulkameradinnen sind alle schon da und wackeln vor Aufregung und Ungeduld mit den Flügelchen.

Und endlich erscheint auch die Lehrerin.

»Guten Morgen, liebe Feen«, sagt sie. »Ich bin Fräulein Liane und ich begrüße euch herzlich zu eurem ersten Schultag. Heute gebe ich euch zunächst eine Einführung in das Fach Fliegen und danach steht das Fach Wünschelesen auf dem Programm!«

Fräulein Liane schwebt von einer Fee zur nächsten und legt jeder einen kleinen duftenden Samtbeutel auf den Tisch.

»Weiß jemand von euch, was das ist?«, fragt sie die Klasse.

Eine kleine rot gelockte Fee mit vielen Sommersprossen meldet sich: »In dem Beutel ist Feenstaub! Er wird von Fluganfängerinnen zum Fliegen benutzt. Später kann eine Fee aber auch ohne Feenstaub fliegen.«

»Sehr gut, Emilia!«, lobt Fräulein Liane.

Florentine traut sich kaum, ihren Feenstaub-Beutel anzufassen. »Unglaublich«, flüstert sie Valli zu. »Und damit können wir tatsächlich fliegen?«

Fräulein Liane erklärt, wie sie den Staub benutzen sollen: »Jede von euch streut ein paar Körnchen Feenstaub auf den Kopf ihrer Sitznachbarin. Aber gebt acht, dass ihr nicht zu viel nehmt – das kann schlimme Folgen haben!«

»Du fängst an«, sagt Florentine zu Valli. Sie kann es kaum glauben, dass sie in ein paar Augenblicken zum ersten Mal fliegen wird!

»Erwartet von diesem ersten Fliegen nicht zu viel«, sagt Fräulein Liane, als hätte sie Florentines Gedanken erraten. »Von den paar Krümelchen, die wir heute benutzen, werdet ihr nur für einen kurzen Moment ein winziges bisschen über dem Boden schweben.«

Florentine schließt die Augen und wartet gespannt, dass Valli den Staub auf ihren Kopf streut. Da spürt sie auch schon ein Kribbeln am Haaransatz und sogleich löst sich wie von Zauberhand ihr Po vom Stuhl.

»Valli«, ruft sie aufgeregt, »guck mal, ich fliege!«

Plötzlich stößt Florentine unsanft mit den Knien gegen ihr Pult.

»Au«, sagt sie, und im nächsten Moment plumpst sie auf ihren Stuhl zurück.

»Das war sehr gut für den Anfang«, sagt Fräulein Liane. »Und jetzt wird gewechselt!«

Mit zitternden Fingern greift Florentine nach ihrem Beutel.

»Ob man bei dickeren Feen wohl etwas mehr Feenstaub benutzen sollte?«, fragt sie sich und beginnt, ein paar Körnchen aus dem Beutel auf Valli zu streuen. Und da passiert es: Der Beutel rutscht Florentine aus den Händen, die vor Aufregung ganz nass sind und zittern, und der gesamte Inhalt entlädt sich in einer riesigen Staubwolke auf Vallis Kopf.

»Oh nein!«, schreit Florentine entsetzt – aber es ist zu spät: Wie ein Pfeil schießt Valli in die Höhe, stößt dabei ihren Stuhl um, der krachend zu Boden fällt, schießt weiter und wird erst vom Kopf des Pilzes aufgehalten. Dort schlägt sie mit einem lauten Bums an und dreht schließlich wie eine wild gewordene Hummel rasend schnell ihre Kreise unter dem Pilzdach. Dabei verursacht sie ein wahrhaft ohrenbetäubendes Brummen.

»Oh nein«, jammert Florentine, »was habe ich nur getan! Es tut mir so leid!«

»Was ist denn hier los?«, ruft Fräulein Liane, und ihre Stimme überschlägt sich beinahe. »Komm sofort da runter, Valerie!«

»Ich kann nicht!«, quietscht Valli von oben.

»Sie kann wirklich nicht«, bestätigt Florentine. »Ich habe nämlich aus Versehen meinen ganzen Beutel auf ihr ausgeleert!«

Fräulein Lianes Augen weiten sich vor Schreck. »Den ganzen Beutel? Ach, du liebe Güte! Das bedeutet, dass sie noch ewig lange dort oben herumbrummen wird.«

»Das hab ich nicht gewollt«, sagt Florentine.
Sie hat ein furchtbar schlechtes Gewissen. Als sie
jedoch zu ihrer Freundin hinaufblickt, zwinkert
diese ihr kichernd zu. Es sieht so aus, als würde
Valli sich dort oben königlich amüsieren. Und
plötzlich muss auch Florentine kichern.

»Da gibt es überhaupt nichts zu lachen …«,
sagt Fräulein Liane. Ihre Worte gehen allerdings
ein wenig in Vallis lautem Brummen unter.

»Valerie«, ruft Fräulein Liane. »Könntest du *bitte*
versuchen, ein bisschen leiser zu sein? Man versteht
hier unten sein eigenes Wort nicht mehr!«

»Wird gemacht!«, ertönt es von oben.

Augenblicklich wird es wesentlich ruhiger. Valli zieht zwar weiterhin ohne Pause ihre rasanten Kreise, aber das laute Brummen hat sich in ein leises Knattern verwandelt.

»Sehr schön, Valerie«, sagt Fräulein Liane. Sie sieht ziemlich mitgenommen aus. »Du wirst dort oben jetzt noch eine Weile herumschwirren müssen, bis die Kraft des Feenstaubs nachlässt. Meinst du, du hältst das aus?«

»Kein Problem!«, ruft Valli und legt sich mit Schwung in die nächste Kurve.

»So«, sagt Fräulein Liane, »und wir versuchen hier unten, weiter Unterricht zu machen. Als Nächstes werden wir üben, wie man Wünsche liest. Weiß jemand, warum dieses Fach auf dem Stundenplan einer Fee steht?«

Eine Fee mit langen, dunklen Zöpfen meldet sich: »Weil es die Aufgabe von Feen ist, Wünsche zu erfüllen. Richtig gute Feen können bis zu drei Wünsche direkt nacheinander erfüllen!«

»Sehr richtig, Ronja«, sagt Fräulein Liane. »Das Wünsche-*Erfüllen* lernt ihr allerdings erst in ein paar Jahren, das ist etwas für Fortgeschrittene. In eurem ersten Schuljahr werdet ihr erst einmal üben, Wünsche zu lesen.«

»Was bedeutet das eigentlich, Wünsche lesen?«, fragt Florentine neugierig.

»Das heißt, dass du den Wunsch eines anderen erkennst, auch ohne dass er mit dir spricht«, erklärt Fräulein Liane. »Komm einmal nach vorne, Florentine.«

Mit pochendem Herzen tritt Florentine vor die Klasse.

»Beginnen wir mit dem Kleinen dort«, sagt Fräulein Liane und deutet nach draußen auf die Wiese, wo gerade ein Marienkäferkind herumkrabbelt. »Florentine, was wünscht sich zum Beispiel dieser Käfer gerade?«

»Puh …«, sagt Florentine, »ich weiß nicht recht …«

»Konzentriere dich«, sagt Fräulein Liane.

Florentine starrt den Marienkäfer an. Was könnte er sich bloß wünschen? Ein paar mehr Punkte auf seinen Flügeln vielleicht? Nein, das ist es nicht …

In diesem Moment schaut der Marienkäfer Florentine direkt ins Gesicht. Und plötzlich weiß sie es ganz genau.

»Er will, dass seine Mama kommt und ihn nach Hause bringt!«, ruft sie aufgeregt.

Fräulein Liane ist begeistert. »Das stimmt, sehr gut Florentine! Wirklich großartig!«

Florentine ist mächtig stolz.

»Wenn ich ihm jetzt auch noch seinen Wunsch erfüllen könnte …«, denkt sie.

In diesem Moment weht ein starker Luftzug durch das Klassenzimmer. Den kleinen Feen fliegen die Haare aus dem Gesicht, und Valli muss sich oben am Schuldach festhalten, um nicht weggepustet zu werden. Eine große, dicke Marienkäfermama befindet sich im Anflug auf die Wiese.

Mit einem Rums landet sie neben ihrem kleinen Käferchen, stupst es liebevoll mit dem Fühler an, als wolle sie sagen: »Hab ich dich endlich gefunden!«, und krabbelt mit ihm davon.

Fräulein Liane und die kleinen Feen schauen Florentine ungläubig an. Es ist mucksmäuschenstill. Das einzige Geräusch, das zu hören ist, ist das Knattern von Vallis Flügeln.

»Wie hast du …«, beginnt Fräulein Liane. »Wie kannst du schon …«

»Och«, sagt Florentine, »so schwer war das eigentlich gar nicht.«

Den anderen Feen fallen fast die Augen aus dem Kopf.

Da prustet Florentine laut los: »Das war doch nicht ich! Es war bloß Zufall, dass seine Mama gerade jetzt gekommen ist. Ich hatte damit gar nichts zu tun!«

Einen Moment lang ist es noch still, dann bricht die ganze Klasse in schallendes Gelächter aus. Sie hatten wirklich gedacht, Florentine könne schon an ihrem ersten Schultag Wünsche erfüllen!

Auch Fräulein Liane lacht. »Du bist wirklich eine gewitzte Fee, Florentine«, sagt sie anerkennend.

In diesem Moment wird das Knattern an der Zimmerdecke etwas unregelmäßiger, dann hört es ganz auf. Mit einem Plumps landet Valli auf dem weichen Waldboden.

»So, Valerie, bist du auch wieder unter uns«, sagt Fräulein Liane.

»Das hast du super gemacht«, flüstert Valli ihrer Freundin zu.

»Du aber auch«, flüstert Florentine kichernd zurück.

Fräulein Liane klatscht in die Hände. »Liebe Feen, ich werde euch nun zeigen, wie man einen Wunsch liest und danach erfüllt. Valerie, komm bitte einmal nach vorne.«

Folgsam stellt sich Valli vor Fräulein Liane auf und diese blickt ihr fest in die Augen.

»Du hast Hunger …«, sagt Fräulein Liane. »Du wünschst dir einen schönen heißen Feetee und ein großes Schälchen Beerenkompott.«

»Das ist richtig«, strahlt Valli.

»Wenn das so ist«, sagt Fräulein Liane, »dann machen wir wohl besser Schluss für heute. Jetzt gibt es Feetee und Kompott für alle!«

Als Florentine am Abend in ihrem Nussschalenbettchen unter ihrer Blattdecke liegt, findet sie wieder keine Ruhe. Was für ein aufregender Tag das war! Und morgen wird es sicher genauso weitergehen. Und übermorgen auch und den Tag darauf und …

Und dann fallen Florentine doch die Augen zu.

Henriette Wich

Ritterfest auf der Kissenburg

Konrad spielte mit seinen Rittern. Es gab ein großes Turnier mit Ringelstechen, Reiterspielen und Schwertkämpfen. Es war einfach herrlich – bis Mama mitten im schönsten Kampf hereinplatzte. »Konrad, Zeit, schlafen zu gehen!«

»Das Turnier ist aber noch nicht vorbei«, sagte Konrad.

Mama lächelte. »Können deine Ritter nicht morgen weiter-kämpfen? Sie sind bestimmt schon sehr müde.«

»Hmm, vielleicht ...« Konrad ließ seine Ritter kurz alleine, um im Bad Zähne zu putzen und seinen Schlafanzug anzuziehen. Dann sauste er zurück ins Kinderzimmer und hüpfte ins Bett.

»Gute Nacht, ihr tapferen Ritter!«, sagte Konrad. »Bis morgen.«

Die Ritter antworteten nicht. Gerade noch hatten sie fröhlich gekämpft, aber jetzt sahen sie Konrad traurig an. Schnell stand Konrad noch mal auf und holte sie zu sich ins Bett: Kuno und Jost, Laurin und Giselher, Rupert und Wenzel, Otto und Siegfried. Jetzt lachten die Ritter wieder.

Dann kam Mama und gab Konrad einen Gutenachtkuss. Als sie die Bettdecke glatt strich, entdeckte sie die Ritter und rief: »Huch! Sollen die etwa alle bei dir schlafen?«

Konrad nickte. »Natürlich. Nach dem Turnier gibt es immer ein

Fest.« Er klopfte auf sein Kopfkissen. »Das berühmte Ritterfest auf der Kissenburg.«

»Stimmt«, sagte Mama. »Wie konnte ich das vergessen. Aber sind es nicht ein bisschen viele Ritter? Müssen die wirklich alle mitfeiern?«

Konrad stöhnte. Mama konnte toll singen, Schlitten fahren und Kuchen backen, aber mit Rittern kannte sie sich nicht aus.

»Klar«, sagte Konrad. »Das haben sich meine Ritter verdient. Sie waren alle tapfer. Wenn jetzt welche gehen müssen, sind sie tödlich beleidigt.«

Das verstand Mama zum Glück. Sie klopfte Jost auf die Schulter und gratulierte Rupert zu seinem Sieg. Dann nahm sie Otto in die Hand. Otto kletterte am Bettpfosten hoch und reckte seinen Kopf. »Seht ihr da drüben das große, schöne Zelt? Wollen wir nicht dort weiterfeiern?«

»Ja!«, jubelten die Ritter. Und schon stürmten sie los.

»Halt!«, rief Konrad. »Ihr könnt doch nicht alle wegrennen. Was machen wir, wenn ein Feind kommt und die Kissenburg angreift?«

Erschrocken drehten sich die Ritter um. Dann meldete sich Siegfried. »Ich passe auf und halte Wache.«

»Danke!«, sagte Konrad. »Komm unter meine Decke. Ich helfe dir. Wir wechseln uns ab.«

Erst hielt Konrad Wache, und später, als ihm die Augen zufielen, passte Siegfried auf. Kein Feind wagte sich in die Nähe der Kissenburg. Und die Ritter feierten fröhlich die ganze Nacht.

Anja Fröhlich

Wo bin ich, wenn ich schlafe?

Finn liegt in seinem Bett und ist hundemüde. So müde, dass er nur noch ein Auge aufhalten kann.

Neben Finn sitzt Finns Mama. Sie liest schon seit einer halben Stunde vor, damit Finn endlich einschläft.

Aber Finn will noch nicht schlafen. Denn er weiß nie, wo es hingeht, wenn er schläft.

»Wo bin ich eigentlich, wenn ich schlafe?«, fragt Finn seine Mutter.

»Na, in deinem Bett natürlich«, antwortet die Mutter.

Finn denkt nach. Es stimmt. Wenn er einschläft, ist er in seinem Bett. Und wenn er aufwacht, auch. Aber wenn er schläft, dann ist er ganz woanders.

»Manchmal bin ich aber im Kindergarten, wenn ich schlafe«, sagt Finn. »Oder im Garten. Einmal war ich sogar auf dem Mond. Da wohnten Dinosaurier.«

Die Mutter guckt Finn an und stöhnt. »Das sind doch nur Träume«, sagt sie. »Das findet alles nur in deinem Kopf statt.«

Da reißt Finn das schon geschlossene Auge wieder auf. »In meinem Kopf? So ein Quatsch! Da passt doch gar kein Dinosaurier rein. Und der Mond passt schon mal gar nicht in meinen Kopf.«

»Natürlich nicht der echte Mond«, unterbricht ihn seine Mutter. »In deinem Kopf ist nur die Vorstellung vom Mond«, erklärt sie.

»Aber in meiner Vorstellung ist der Mond genauso groß wie in echt«, protestiert Finn. »Noch viel größer sogar.«

Finns Mutter legt die Stirn in Falten.

»Soll ich dir sagen, was die Menschen am Nordpol glauben?«, fragt sie schließlich.

Finn nickt. Eins seiner Augen geht ganz langsam wieder zu, als seine Mutter zu erzählen beginnt. »Die Menschen am Nordpol glauben, dass man tief in sich drin zwei Seelen hat. Eine Wachseele und eine Schlafseele.«

Hört sich kompliziert an. Aber Finn ist zu müde, um genau nachzufragen.

»Die Schlafseele«, erzählt die Mutter weiter, »geht nachts auf Wanderschaft. Sie erlebt die tollsten Abenteuer. Schöne und schreckliche Geschichten. Lustige und traurige.«

Finn würde gerne nicken, wenn er noch die Kraft dazu hätte. Stattdessen schließt sich wie von selbst auch sein zweites Auge.

»Und wenn die Kinder am Nordpol morgens in ihren gemütlichen Fellbetten noch schlafen, dann darf man sie nur ganz, ganz vorsichtig wecken.«

»Warum denn?«, denkt Finn. Aber er sagt es nicht. Denn er liegt gerade selber in so einem kuscheligen Nordpolbett. Bis zu den Ohren reicht ihm das seidig weiche Fell. Und über sich sieht er die Eisbrocken, aus denen sein Iglu gebaut ist.

»Ich sag dir, warum man die Kinder am Nordpol nur vorsichtig wecken darf«, erklärt die Mutter, als hätte sie seine Frage erraten. »Weil die Schlafseele sich sonst erschreckt. Denn die Schlafseele

kommt von ganz weit angeflogen. Und sie
braucht ein bisschen Zeit, um wieder sicher
im Körper zu landen.«

Auch die Stimme der Mutter kommt plötzlich
von ganz weit angeflogen. Finn kann sie kaum noch hören.
Er ist inzwischen auch so eine komische Schlafseele. Wie der Wind
huscht er durch den eisigen Schornstein des Iglus ins Freie hinaus.
Und er fliegt über eine Schneelandschaft, die im Mondschein glitzert und funkelt wie ein Teppich aus Edelsteinen. Finn winkt den
Dinosauriern auf dem Mond zu, die bei der Kälte Schal und Oh-
renwärmer tragen.

Da klappt die Mutter endlich das Buch zu.

»Finn«, flüstert sie. »Bist du noch wach?«

Doch das Geflüster kann Finn am Nordpol beim besten Willen
nicht mehr hören.

Er fliegt gerade eine Schleife, direkt am Mond vorbei, und winkt.

Rolf Krenzer

Vom kleinen Jan, der nicht einschlafen konnte

An einem hellen Sommerabend, als es nicht dunkel werden wollte, lag der kleine Jan in seinem Bett und konnte nicht einschlafen.

Auf der Straße hörte er noch die Leute miteinander reden. Und im Garten hinter dem Haus spielten immer noch die großen Kinder, die nicht so früh wie der kleine Jan ins Bett mussten.

»Ich kann nicht einschlafen!«, jammerte der kleine Jan, als seine Mama zu ihm ins Zimmer kam.

Da setzte sich die Mama an sein Bett und las ihm eine Geschichte vor. Der kleine Jan legte sich ganz weit zurück, kuschelte sich in sein Kissen und hörte zu.

»Bist du jetzt richtig müde?«, fragte seine Mama, als sie die Geschichte zu Ende gelesen hatte.

»Ich weiß nicht!«, sagte der kleine Jan. »Aber ich kann immer noch nicht einschlafen!«

»Dann schicke ich dir jetzt mal den Papa!«, sagte die Mama.

»Ich kann nicht einschlafen!«, jammerte der kleine Jan, als sein Papa zu ihm ins Zimmer kam.

Da setzte sich der Papa an sein Bett und erzählte ihm eine Geschichte. Und der kleine Jan legte sich ganz weit zurück, kuschelte sich in sein Kissen und hörte zu.

»Bist du jetzt richtig müde?«, fragte sein Papa, als er die Geschichte zu Ende erzählt hatte.

»Ich weiß nicht!«, sagte der kleine Jan. »Aber ich kann immer noch nicht einschlafen!«

»Dann schicke ich dir jetzt mal die Oma!«, sagte der Papa.

»Ich kann nicht einschlafen!«, jammerte der kleine Jan, als seine Oma zu ihm ins Zimmer kam. Da setzte sich die Oma an sein Bett und sang ihm ein Lied vor. Es war ein wunderschönes Lied mit vielen Strophen. Und der kleine Jan legte sich ganz weit zurück, kuschelte sich in sein Kissen und hörte zu.

»Bist du jetzt richtig müde?«, fragte seine Oma, als sie das Lied zu Ende und noch ein zweites dazu gesungen hatte.

»Ich weiß nicht!«, sagte der kleine Jan. »Aber ich kann immer noch nicht einschlafen!«

»Dann schicke ich dir jetzt mal den Opa!«, sagte die Oma.

»Ich kann nicht einschlafen!«, jammerte der kleine Jan, als sein Opa zu ihm ins Zimmer kam.

»Du hast es gut!«, sagte der Opa und stellte sich an das Fenster. »Ich würde so gern abends noch ein bisschen wach bleiben, aber ich bin so müde, dass ich immer gleich einschlafe. Wenn mich die Oma nicht geweckt hätte, könnte ich jetzt nicht zum Fenster hinaussehen.«

»Ich kann von meinem Bett aus auch ein bisschen aus dem Fenster sehen«, meinte der kleine Jan. »Aber es ist langweilig!«

»Kannst du auch den Mond von deinem Bett aus sehen?«, fragte der Opa.

»Der Mond kommt doch erst, wenn es dunkel wird!«, sagte der kleine Jan. »Und jetzt ist es draußen noch viel zu hell!«

»So?«, fragte der Opa. »Und wer ist das dort oben?« Er zeigte mit seiner Hand zum Himmel hinauf.

»Der Mond!«, flüsterte der kleine Jan und konnte es nicht glauben. »Aber es ist doch noch so hell!«

»Er ist schon lange da«, meinte der Opa, »und wartet, dass es endlich richtig dunkel wird.«

»Siehst du den Baum vor deinem Fenster?«, fragte der Opa nach einer Weile.

»Ja!«, sagte der kleine Jan. »Er ist ja immer da. Und er ist langweilig!«

»So?«, fragte der Opa. »Er hat heute Abend Besuch bekommen! Beim Baum ist heute Abend etwas los!«

»Ich sehe nichts und höre nichts!«, sagte der kleine Jan und richtete sich im Bett auf. Da öffnete der Opa das Fenster.

»Hörst du jetzt etwas?«, fragte er dann.

»Es brummt so um den Baum herum!«, meinte der kleine Jan.

»Das sind Mücken! Sie kommen jeden Abend zum Baum und erzählen ihm, was sie alles am Tag gesehen haben. Der Baum muss ja immer vor deinem Fenster stehen und kann nicht fort. Wenn die Mücken nicht zu ihm kämen, würde er keine Neuigkeiten erfahren.«

»Was erzählen sie ihm denn?«, fragte da der kleine Jan.

»Das kann ich dir nicht alles sagen!«, sagte der Opa. »Da musst du schon selbst zuhören!«

»Verstehst du, was sie sagen?«, fragte der kleine Jan.

»Natürlich!«, antwortete der Opa leise. »Wie bin ich froh, dass mich die Oma heute Abend noch geweckt hat. Sonst würde ich längst schlafen und könnte den Mücken nicht zuhören. Übrigens, die kleinen Vögel oben im Nest schwatzen immer dazwischen. Warum müssen sie nur so vorlaut sein?«

»Komisch«, sagte der kleine Jan. »Ich höre die Mücken nur brummen. Und von einem Nest in dem Baum weiß ich auch nichts!«

»Ja, wenn man nicht richtig guckt und hört!«, flüsterte der Opa. »Die großen Leute haben ja keine Zeit dazu. Aber die Kinder und die alten Leute, die sollten sich darum kümmern. Sie haben Zeit, viel, viel Zeit!«

»Ich habe jetzt viel Zeit, denn ich kann nicht einschlafen!«, sagte der kleine Jan und blickte gebannt in den Baum. »Dort oben ist auch das Nest!«

»Aha!«, sagte der Opa. »Verstehst du jetzt auch, was sie da drüben im Baum reden, die Mücken und die jungen Vögel?«

»Du bist näher dran als ich!«, meinte der kleine Jan und wollte aufstehen und zu seinem Opa an das Fenster kommen.

»Daran liegt es nicht!«, sagte der Opa. »Du sprichst noch viel zu viel. Du musst ganz lange still sein, dann kannst du sie verstehen!« Er kam langsam vom Fenster auf Jans Bett zu und setzte sich zu ihm. »Ich höre sie hier fast noch lauter als am Fenster!«, meinte er.

»Aber nicht, wenn du im Bett liegst!«, sagte der kleine Jan.

Da legte sich der Opa ganz nah an die Bettkante neben den kleinen Jan und war ganz still.

»Schläfst du, Opa?«, fragte der kleine Jan nach einer Weile.

»Nein!«, flüsterte der Opa. »Ich höre ihnen zu. Und ich kann hier alles noch besser verstehen. Sogar ohne mein Hörgerät!«

O ja, der kleine Jan wusste nur zu gut, wie schwerhörig sonst der Opa war. Alles musste man ihm zweimal oder dreimal sagen, bevor er es verstand.

»Ehrlich?«, fragte der kleine Jan.

»Ehrlich!«, sagte Opa.

»Du hast ja die Augen zu!«, sagte der kleine Jan nach einer Weile.

»Damit ich besser hören kann!«, antwortete der Opa.

Der kleine Jan hörte jetzt auch das Brummen viel lauter. Unten auf der Straße war es still geworden. Und die großen Kinder spielten auch nicht mehr im Garten. Aber die kleinen Vögel im Nest machten immer mehr Lärm.

»Ich höre jetzt alles!«, sagte der kleine Jan seinem Opa ins Ohr. »Aber ich verstehe immer noch nicht, was sie sagen!«

»Mach mal die Augen zu!«, antwortete der Opa. »Du wirst dich wundern!« Da legte sich der kleine Jan auf sein Kissen zurück und schloss die Augen. Er wartete und wartete. Und dann hörte er sie wirklich miteinander sprechen.

»Ein wunderschöner Sommerabend!«, zirpte eine Mücke. Oder war es eine Grille?

»Es gibt nichts Schöneres, als so viel Besuch zu bekommen!« War das wirklich der Baum, den der kleine Jan jetzt sprechen hörte?

»Die Katze kommt aber nicht hinauf bis zu unserem Nest?« Das mussten die jungen Vögel sein.

»Bestimmt nicht!«, sagte der Baum mit ruhiger, guter Stimme. »Da passe ich schon auf. Und der kleine Jan auch!«

»Der kleine Jan schläft doch längst!«, piepsten die kleinen Vögel.

»Bestimmt nicht!«, antwortete der Baum. »Er hat die Augen geschlossen, damit er uns besser verstehen kann.«

Der kleine Jan nickte auf seinem Kopfkissen.

»Er träumt!«, sagte sein Papa leise. Er war heimlich in Jans Zimmer gekommen.

»Was mag er träumen?«, fragte die Mama, die neugierig hinter dem Papa hergekommen war.

»Jedenfalls schläft er so fest wie sein Opa!«, sagte die Oma und rüttelte den Opa leicht an der Schulter.

»Pst! Er schläft nicht!«, flüsterte der Opa und stand ganz vorsichtig aus dem Bett auf. »Er hört dem Baum und den Mücken und den jungen Vögeln im Nest zu. Da dürfen wir ihn nicht stören!« So gingen alle vier ganz leise aus dem Zimmer des kleinen Jan hinaus und schlossen ebenso leise die Tür hinter sich.

»Kannst du mich jetzt richtig sehen?«, fragte da jemand.

»Natürlich sehe ich dich!«, flüsterte der kleine Jan. »Es ist ja jetzt richtig dunkel geworden. Und dein Licht ist so wunderschön ...«

»... geheimnisvoll!«, sagte der Mond den Satz des kleinen Jan zu Ende. »Das ist das geheimnisvolle Traumlicht! Es bringt die Menschen zum Träumen!«

»Ich kann aber nicht einschlafen!«, flüsterte der kleine Jan. »Ich halte nur die Augen zu, damit ich dich besser hören kann!«

»Ich weiß! Ich weiß!«, sagte der Mond freundlich. »Das ist ganz lieb von dir!« Er seufzte leise. »Aber jetzt muss ich weiter! Es warten schon so viele auf mich!«

»Gibst du auf die Katze acht, wenn ich doch einschlafen sollte?«, fragte der kleine Jan. »Sie darf den kleinen Vögeln drüben im Nest nichts tun!«

»Ganz bestimmt!«, sagte der Mond. »Der Baum und ich geben acht. Und morgen früh kannst du selbst nachsehen, ob sie noch da sind!«

»Danke, Mond!«, sagte der kleine Jan so leise, dass ihn nur noch der Mond verstehen konnte.

Quellenverzeichnis

Abedi, Isabel: *Laluna, die Mondhexe.* Aus: Abedi, Isabel: Kleine Hexen-Geschichten zum Vorlesen. © Ellermann Verlag GmbH, Hamburg 2002

Abedi, Isabel: *Natalies Traumreise.* Aus: Abedi, Isabel: Kleine Ferien-Geschichten zum Vorlesen. © Ellermann Verlag GmbH, Hamburg 2004

Arold, Marliese: *Milas wunderbares Bett.* © bei der Autorin

Bosse, Sarah: *Wann sind wir endlich da?* Aus: Bosse, Sarah: Kleine Schlaf-gut-Geschichten zum Vorlesen. © Ellermann Verlag GmbH, Hamburg 2005

Brüder Grimm: *Die Sterntaler.* Das Märchen entspricht der Originalfassung aus den Kinder- und Hausmärchen, 1812–1815.

Dierks, Hannelore: *Das Bett ist zu groß und riecht so komisch.* © bei der Autorin

Fröhlich, Anja: *Wo bin ich, wenn ich schlafe?* © bei der Autorin

Gieseler, Corinna: *Der Apfelwurm.* © bei der Autorin

Gieseler, Corinna: *Die Maus im Igelnest.* Aus: Gieseler, Corinna:
Kleine Kuschel-Geschichten zum Vorlesen. © Ellermann
Verlag GmbH, Hamburg 2008

Haentjes, Dorothee: *Bärenträume.* © bei der Autorin

Hansen, Anne: *Florentine und die Sache mit dem Feenstaub.*
© bei der Autorin

Inkiow, *Dimiter: Wie man sich vor Räubern schützt.* Aus: Inkiow,
Dimiter: Ich und meine Schwester Klara. © Ellermann
Verlag GmbH, Hamburg 2003

Kellner, Ingrid: *Jan und das Kuschelkaninchen.* Aus: Kellner, Ingrid:
Kleine Zwergen-Geschichten zum Vorlesen. © Ellermann
Verlag GmbH, Hamburg 2004

Krenzer, Rolf: *Papas Gutenachtgeschichte.* © beim Nachlass
des Autors

Krenzer, Rolf: *Vom kleinen Jan, der nicht einschlafen konnte.*
© beim Nachlass des Autors

Maar, Paul: *Die Prinzessin kann nicht schlafen.* © beim Autor

Rahn, Sabine: *Pupsen und popeln südlich des Äquators.*
© bei der Autorin

Rettich, Margret: *Jan träumt.* © bei der Autorin

Ruck-Pauquèt, Gina: *Der kleine Zauberer und das Sternchen.*
© bei der Autorin

Scheffler, Ursel: *Paula sieht Gespenster.* © bei der Autorin

Steckelmann, Petra: *Kruschelknackknirsch.* Aus: Steckelmann,
Petra: Kleine Tierkinder-Geschichten zum Vorlesen.
© Ellermann Verlag GmbH, Hamburg 2007

Storm, Theodor: *Der kleine Häwelmann.* Die Geschichte entspricht
der Originalfassung.

von Vogel, Maja: *Eine stürmische Nacht.* Aus: von Vogel, Maja:
Kleine Abenteuer-Geschichten zum Vorlesen. © Ellermann
Verlag GmbH, Hamburg 2005

Wich, Henriette: *Ritterfest auf der Kissenburg.* © bei der Autorin

Zöller, Elisabeth / Kolloch, Brigitte: *Moritz schläft bei Oma.* Aus:
Zöller, Elisabeth / Kolloch, Brigitte: Kleine Einschlaf-Geschichten
zum Vorlesen. © Ellermann Verlag GmbH, Hamburg 2007

Die schönsten Vorlesegeschichten für Kinder – mit vielen farbigen Bildern

ISBN 978-3-7707-2822-0

ISBN 978-3-7707-2475-8

ISBN 978-3-7707-2460-4

ISBN 978-3-7707-2461-1

ISBN 978-3-7707-2471-0

ISBN 978-3-7707-2474-1

Weitere Informationen unter:
www.ellermann.de

Leseschätze für die ganze Familie

Es war einmal ... Eine Sammlung der schönsten Märchen von den Brüdern Grimm, Andersen und Bechstein sowie neue Märchen von Astrid Lindgren, Paul Maar oder Cornelia Funke.

Eva-Maria Kulka (Hg.)
Die schönsten Märchen von gestern und heute
Einband und farbige Illustrationen von Cornelia Haas
Ab 4 Jahren · 192 Seiten · ISBN 978-3-7707-2465-9

Eine Entdeckungsreise durch die Welt der Geschichten! Mit Texten von Astrid Lindgren, Kirsten Boie, Peter Härtling, Paul Maar, Christine Nöstlinger u.v.a.

Corinna Küpper (Hg.)
Die schönsten Geschichten zum Vorlesen
Einband und farbige Illustrationen von Dagmar Henze
Ab 54 Jahren · 192 Seiten · ISBN 978-3-7707-2464-2

In hochwertiger Ausstattung mit wunderschönen Bildern, Leinenrücken und Lesebändchen.

Weitere Informationen unter:
www.ellermann.de

Vorlesen mit ellermann

Der schlauste Wikinger der Welt

Runer Jonsson
Wickie und die starken Männer
Ab 5 Jahren · 128 Seiten
ISBN 978-3-7707-2850-3

Runer Jonsson
Wickie auf großer Fahrt
Ab 5 Jahren · 128 Seiten
ISBN 978-3-7707-2851-0

Runer Jonsson
Wickie und das Drachenschiff
Ab 5 Jahren · 128 Seiten
ISBN 978-3-7707-2852-7

Runer Jonsson
Wickie der Entdecker
Ab 5 Jahren · 128 Seiten
ISBN 978-3-7707-2853-4

Runer Jonsson
Wickie und die Graumänner
Ab 5 Jahren · 128 Seiten
ISBN 978-3-7707-2854-1

Die Originalgeschichten zum TV-Klassiker gibt
es auch auf CD. Weitere Informationen unter:
www.oetinger-audio.de und *www.ellermann.de*

Vorlesen
mit ellermann

Lieblingsgeschichten vom kleinen König

Hedwig Munck
Der kleine König –
Die besten Freunde der Welt
Ab 4 Jahren · 128 Seiten
ISBN 978-3-7707-2943-2

Hedwig Munck
Der kleine König feiert Geburtstag
Ab 4 Jahren · 128 Seiten
ISBN 978-3-7707-2940-1

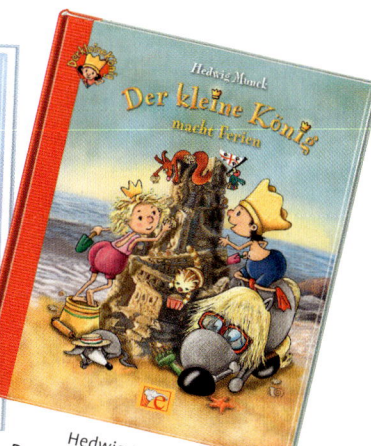

Hedwig Munck
Der kleine König macht Ferien
Ab 4 Jahren · 48 Seiten
ISBN 978-3-7707-2944-9

Hedwig Munck
Der kleine König – Lustige Abenteuer
im Schloss (Bilderbuch)
Ab 4 Jahren · 48 Seiten
ISBN 978-3-7707-5280-5

Hedwig Munck
Der kleine König – Gute Nacht, Freunde
Ab 4 Jahren · 48 Seiten
ISBN 978-3-7707-2942-5

Die Geschichten vom kleinen König gibt
es auch auf CD. Weitere Informationen unter:
www.oetinger-audio.de und *www.ellermann.de*

Vorlesen
mit ellermann